普通高等教育汽车类专业精品系列教材

汽车振动基础

主　编　黄雪涛　徐传燕
副主编　周长峰　郭荣春

北京理工大学出版社
BEIJING INSTITUTE OF TECHNOLOGY PRESS

内 容 简 介

本书遵循循序渐进、由浅入深的原则，按照单自由度系统无阻尼自由振动、单自由度系统有阻尼自由振动、单自由度系统有阻尼强迫振动、二自由度振动系统、多自由度振动系统这种由简单的简谐激励到复杂的随机激励振系的顺序讲解。同时，本书注重理论联系实际，加入了振动理论的工程应用实例；密切关注汽车振动方面的新理论、新技术、新方法，如有限元仿真技术在汽车振动领域的应用。

本书可作为本科院校车辆工程相关专业教学用书，亦可供从事汽车设计、汽车维修等车辆工程相关领域的工程技术人员参考。

版权专有　侵权必究

图书在版编目(CIP)数据

汽车振动基础 / 黄雪涛，徐传燕主编. —北京：
北京理工大学出版社，2021.6（2024.7重印）
　ISBN 978-7-5682-9986-2

Ⅰ. ①汽… Ⅱ. ①黄… ②徐… Ⅲ. ①汽车-振动理论 Ⅳ. ①U467.4

中国版本图书馆 CIP 数据核字(2021)第 130811 号

出版发行 /	北京理工大学出版社有限责任公司
社　　址 /	北京市海淀区中关村南大街 5 号
邮　　编 /	100081
电　　话 /	(010)68914775(总编室)
	(010)82562903(教材售后服务热线)
	(010)68944723(其他图书服务热线)
网　　址 /	http：//www.bitpress.com.cn
经　　销 /	全国各地新华书店
印　　刷 /	唐山富达印务有限公司
开　　本 /	787 毫米×1092 毫米　1/16
印　　张 /	9.25
字　　数 /	201 千字
版　　次 /	2021 年 6 月第 1 版　2024 年 7 月第 3 次印刷
定　　价 /	36.00 元

责任编辑 / 江　立
责任校对 / 刘亚男
责任印制 / 李志强

图书出现印装质量问题，请拨打售后服务热线，本社负责调换

前言

随着现代汽车产业朝着高速化、高效化、轻量化的方向发展，人们对汽车的乘坐舒适性、操纵稳定性、车内振动噪声等的要求越来越高，因而汽车的动态特性分析与设计也日益成为现代汽车自主研发的重要手段。作为汽车动态特性的关键指标之一，振动在汽车的设计与研发中占据着重要的地位。"汽车振动基础"已成为汽车工程中必不可少的基础理论课程之一。

本书为本科院校车辆工程相关专业的本科生提供了全面、系统的有关汽车振动理论的知识，对从事汽车设计、汽车维修等车辆工程相关领域的工程技术人员也具有较高的参考价值。在本书的编写过程中，我们遵循循序渐进、由浅入深的原则，按照单自由度系统无阻尼自由振动、单自由度系统有阻尼自由振动、单自由度系统有阻尼强迫振动、二自由度振动系统、多自由度振动系统这种由简单的简谐激励到复杂的随机激励振系的顺序讲解。同时，注重理论联系实际，在讲解过程中加入了振动理论在工程实践中应用的实例。此外，本书引入了汽车振动方面的新理论、新技术、新方法，如有限元仿真技术在汽车振动领域的应用等，保证了理论的基础性、工程的实用性及技术的先进性。

本书共分6章，其中：第1章、第2章、第3章由黄雪涛、郭荣春编写；第4章、第5章由徐传燕、周长峰编写；第6章由周长峰、郭荣春编写。书稿编写过程中，得到了北京理工大学顾亮、李晓雷教授及研究生董新婷、毋青松、李加坤、陈璐瑶同学的热情帮助，在此表示感谢。

由于编者水平有限，书中难免存在疏漏，敬请读者批评指正！

编 者
2021 年 1 月

目 录

第 1 章　绪论 ··· (1)
  1.1　引言 ··· (1)
  1.2　振动的分类 ··· (2)
  1.3　振动问题的研究方法 ··· (4)
  1.4　振动的危害与利用 ·· (6)
  1.5　汽车上的振动问题 ·· (8)

第 2 章　单自由度系统的振动 ··· (15)
  2.1　单自由度振动系统 ··· (16)
  2.2　单自由度系统无阻尼自由振动 ································ (21)
  2.3　单自由度系统有阻尼自由振动 ································ (30)
  2.4　单自由度系统的强迫振动 ······································ (38)
  2.5　任意激励下的强迫振动 ··· (45)
  2.6　单自由度振动系统的工程应用实例 ·························· (53)

第 3 章　二自由度系统的振动 ··· (65)
  3.1　二自由度振动系统的运动微分方程 ·························· (65)
  3.2　不同坐标系下的运动微分方程 ································ (68)
  3.3　二自由度系统自由振动 ··· (72)
  3.4　二自由度系统强迫振动 ··· (81)

第 4 章　多自由度系统的振动 ··· (85)
  4.1　多自由度系统的振动方程 ······································ (86)
  4.2　拉格朗日方程法与影响系数法 ································ (91)
  4.3　固有振型的正交性、模态坐标和正则坐标 ················· (96)

第 5 章　随机振动 ·· (110)
  5.1　随机振动概述 ·· (110)
  5.2　随机振动的数字特征 ··· (112)
  5.3　平稳过程和各态历经过程 ····································· (114)
  5.4　相关函数 ··· (117)

 5.5 功率谱密度函数 …………………………………………………… (121)
第6章 振动噪声基础理论 …………………………………………… (127)
 6.1 声波的基本概念 …………………………………………………… (127)
 6.2 理想介质中的声场波动方程 ……………………………………… (130)
 6.3 声波的传播特性 …………………………………………………… (133)
 6.4 声阻抗、声压级、声强级及声功率级 …………………………… (134)
 6.5 噪声及其控制技术 ………………………………………………… (136)
参考文献 ………………………………………………………………………… (142)

第1章 绪 论

1.1 引 言

广义的振动指的是一个物理量在它的平均值附近所做的往复运动,而所谓的机械振动指的是机械或结构在其静平衡位置附近做的往复运动。作为机械振动的一种,汽车振动所研究的对象是整车或其零部件,在理论分析中要将实际的汽车整车或其零部件抽象为力学模型,即形成一个力学系统。

以实现一定的机械运动、输出一定的机械能,以及承受一定的机械载荷为目的的系统,称为振动系统。 振动系统可以是一个零部件、一台机器或者一个完整的工程结构,等等。振动系统发生振动是由于外界对系统运动状态的影响,即外界对系统的激励或作用。**如果外界对某一个系统的作用使得该系统处于静止状态,此时系统的几何位置称为系统的静平衡位置。** 根据系统势能在静平衡位置附近的性质,可将系统的静平衡分为稳定平衡、不稳定平衡和随遇平衡等。机械振动中的平衡位置即是系统的稳定平衡位置。在工程实践和日常生活中有大量的振动实例,如车辆行驶时发动机的抖动、车身的振动、乐器演奏时琴弦的抖动等。

对于工程实践中的振动问题,人们关心的是振动会不会使结构的位移、速度、加速度等发生变化。振动过程中,位移过大可能引起机械结构各个部件之间的相互干涉。例如,在汽车运行过程中,有时会由于剧烈振动导致汽车的轮轴和大梁频繁碰撞,从而造成大梁过早损坏甚至危及行车安全。又如,汽车运行过程中如果垂向振动加速度过大,会直接影响汽车的行驶平顺性,给乘员带来不适或损坏所载货物的安全。此外,振动过大也造成结构的应力过大,即振动过程中会产生过大的动载荷,该动载荷有时比静载荷要大得多,易造成结构的早期损坏;振动过大还会引起其他的副作用,如车辆运行过程中由高频振动产生的车辆噪声等,给人们的生产、生活带来了各种不便。

在车辆的行驶过程中，通常会因路面不平、车速及车辆运动方向的变化及车轮、发动机、传动系统的动不平衡等因素而造成整车或零部件的振动。汽车振动可能使得汽车的动力学特性得不到充分的发挥、经济性变坏，同时影响汽车的操纵稳定性、通过性及乘坐舒适性，也易使驾驶员产生疲劳感，影响汽车的行驶安全性。汽车作为一个复杂的振动系统，其内部各零部件具有不同的固有频率。尤其在振动载荷下，汽车零部件易产生疲劳破坏，影响零部件的使用寿命。

在机械振动中，把外界对振动系统的激励或作用称为振动系统的激励或输入，而振动系统对外界影响的反应，称为振动系统的响应或输出。图1.1表明了激励、响应和振动系统三者之间的关系，而振动就是研究这三者之间关系的一门课程。

图1.1 激励、响应和振动系统的关系

从理论上分析，激励、振动系统和响应三者之间只要知道了其中的两个，就可以求出第三个。因此常见的振动问题可以分成以下3种类型。

（1）振动分析问题。已知激励和振动系统的特性，求振动系统的响应，是振动的正问题。例如，为了减小汽车在不平路面上行驶时轮胎传给车身的振动激励而进行的汽车悬架设计等汽车振动隔离问题。又如，已知路面结构和车辆结构，对车辆进行的乘坐舒适性和操纵稳定性分析等车辆动态特性分析问题。

（2）环境预测问题。已知振动系统的特性和响应，求系统所受到的激励，这类问题是振动的逆问题。环境预测技术主要包括在线控制技术、工具开发等，如振源的判断、载荷识别、工况监控与故障诊断等。在汽车振动领域，基于五轮仪的路面谱测量就是环境预测技术的应用。

（3）系统辨识问题。已知激励和响应，确定振动系统的特性，也是振动的逆问题。这类问题往往用模态试验的方法识别出振动系统，以建立振动模型或检验已有的理论模型的正确性。例如，车辆异常振动的识别问题，就是在已知路面激励和系统响应的前提下，研究车辆系统的参数识别问题。

这些振动问题在工程实际中十分常见，研究该类问题需要深入了解振动系统的性质和它与激励、响应之间的关系，这些均属于汽车振动基础课程的内容。

1.2 振动的分类

自然界中的振动现象多种多样，根据不同的情况对机械振动进行分类，有利于加深人们对振动的认识，方便分析和处理振动问题。

1. 自由振动、强迫振动、自激振动和参数振动

根据激励、响应和振动系统特性的不同，可将机械振动分为自由振动、强迫振动、自激振动和参数振动。其中，自由振动是指当振动系统受到初始干扰后（可以是力干扰也可以是位移干扰），振动系统在没有外界激励作用时的振动；强迫振动是指振动系统在外在激励作用下产生的振动，如汽车运行时汽车发动机对车身的振动即为强迫振动；自激振动是指振动系统在激励和响应之间具有反馈特性，自身能够进行能源的补充的振动，如内燃机或蒸汽机的活塞的往复振动、切削工件时引起的机床振动等；参数振动是指在振动系统中，周期或随机地改变系统的特性参数而产生的振动。参数振动由外界的激励产生，但激励不是以外力形式施加于系统，而是通过系统内参数的周期性改变间接地实现。例如，荡秋千时人要适时地作出下蹲和直立的动作：每次通过平衡位置时，人要迅速直立，使重心升高；而摆到最高位置时，人又要迅速蹲下，使重心降低。这样，秋千来回荡一次，整个系统（即人、板及绳索合在一起）的重心就呈周期性地上升和下降两次，这种由振动系统内部参数的周期性变化而实现的振动就是参数振动。

2. 线性振动和非线性振动

根据描述振动系统的微分方程的不同，机械振动可以分成线性振动和非线性振动两种。其中，线性振动是指在振动过程中，振动系统的惯性力、阻尼力、弹性力分别与绝对加速度、相对速度、相对位移呈线性关系。做线性振动的系统称为线性振动系统，而从系统振动的数学描述方法来讲，所谓的线性振动指的是振动系统的运动方程为线性微分方程。

非线性振动系统在振动过程中，系统的惯性力、阻尼力、弹性力与绝对加速度、相对速度、相对位移的关系没有线性振动那么简单。例如，系统阻尼力可能是相对速度的非线性函数，系统的刚度可能为位移的非线性函数，或者系统的激励可能为位移的函数或同时为位移和速度的函数等，故系统振动的运动方程只能用非线性方程来描述。

将一个机械系统抽象为振动模型时，究竟是采用线性系统，还是采用非线性系统，往往取决于结构振动时的运动范围或者是否便于分析和解决问题，而不是结构的固有性质。例如，研究含有橡胶件的机械系统时，若橡胶件的相对变形量在20%的范围内，就可以把橡胶件作为线性系统来分析；若考虑橡胶件的大变形，则振动系统需作为非线性系统来分析。完全的线性结构只存在于理论分析的理想状态。

3. 单自由度系统振动、多自由度系统振动、无限多自由度振动

系统的自由度数定义为描述系统运动所需要的独立坐标的数目。若振动系统用一个独立的坐标就能确定位置，则该振动系统称为单自由度振动系统；若振动系统需用多个独立坐标才能确定位置，则该振动系统称为多自由度系统，如二自由度系统、三自由度系统等；若该振动系统需用无限多个独立的坐标才能确定位置，则该振动系统称为无限多自由度振动系统。

4. 周期振动、非周期振动、随机振动

根据系统的振动规律，振动可以分为周期振动、非周期振动和随机振动。当振动量是

时间的周期函数时，该振动系统的振动为周期振动，如简谐振动；当振动量不是时间的周期函数时，该系统的振动则为非周期振动；当振动量不是时间的函数，只能通过概率统计的方法来研究系统的振动规律，且振动过程中的振幅、相位、频率等都是随机变化的，则该系统的振动属于随机振动，如汽车在不平路面上行驶时的振动。

5. 离散系统、连续系统

工程实践中的大多数振动系统，其质量和刚度都是连续分布的，通常需要无限多个自由度才能描述其振动，其振动微分方程均为偏微分方程，这样的振动系统称为连续系统。例如，等截面的梁、杆、板等，其质量和刚度均为连续分布的，其振动需简化为连续系统振动问题来解决。

在结构的质量和刚度分布很不均匀时，或者为了解决实际工程问题的需要，工程实践中常常把连续结构简化为若干个集中质量、集中刚度和集中阻尼组成的离散系统。所谓的离散系统是指系统只有有限个自由度。例如，当研究汽车垂直方向的振动问题时，通常可以将车辆简化成若干个集中质量、集中阻尼和集中刚度的离散系统来讨论。

1.3 振动问题的研究方法

工程实践中的振动问题，其研究方法主要包括 3 种，即理论分析法、试验分析法、理论与试验结合法。理论分析与试验验证相辅相成，即在大量实践和科学实验基础上建立起来的理论，对试验起着指导作用，而从理论推导得来的结论均需通过试验来验证其准确性。

1. 理论分析法

采用理论分析法求解振动问题时，其求解步骤如图 1.2 所示。

工程实际中的振动问题往往比较复杂，为了便于分析，必须对实际的振动问题进行简化，建立其动力学模型。动力学模型的复杂程度取决于系统本身的复杂程度及对计算结果准确度的要求。例如，对于汽车这样一个复杂的振动系统，根据研究目的的不同，可以将其分为单自由度车身振动模型、车身车轮二自由度振动模型、车身车轮四自由度振动模型及车身车轮七自由度振动模型等。

根据力学基础知识，对构建的力学模型进行受力和运动分析，并运用基本力学定律构建振动系统的运动学方程。通常振动问题的数学模型可以表示为微分方程或微分方程组的形式。为得到振动系统的响应规律，须对建立的运动学方程进行求解。通常情况下，振动系统的运动学方程为位移、速度、加速度等振动响应量的时间函数，表明响应与振动系统特性、激励之间的函数关系。若研究的振动系统为单自由度振动系统，其运动微分方程的求解需要用到高等数学里微分方程的相关知识；若研究的振动系统为多自由度振动系统，则其运动微分方程的求解则需要用到线性代数里矩阵运算的相关知识。

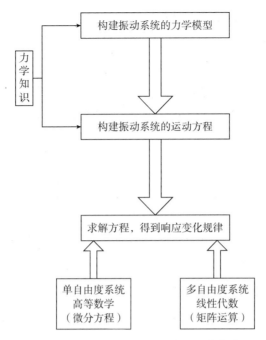

图 1.2　理论分析法求解振动问题的步骤

根据振动系统运动微分方程的解，可以分析振动系统的响应规律，并根据设计要求或工作需求，对振动系统的结构进行优化和改进，以获得满足要求的最优解。

2. 试验分析法

试验分析法是指采用试验仪器设备测量振动系统的响应信号，包括位移信号、速度信号、加速度信号等，并通过一定的信号处理得出系统的振动特性的研究方法。试验研究通常进行两方面的工作：一方面，直接测量振动系统的振动响应，并根据采集到的数据进行振动分析以了解系统的振动特性，即为通常所说的振动分析的工作；另一方面，用已知的振源去激励研究对象，并测试其响应变化规律，以分析系统特性，即通常所说的系统识别工作。具体研究步骤主要包括：

（1）选择测试工况，即选择测试源；

（2）对振动系统的结构进行分析，研究振动测点，布置传感器；

（3）采集振动信号，并进行信号的分析和处理；

（4）分析测试结果，得出有效结论。

振动试验最初是在航空航天部门发展起来的，现在已被推广到动力机械、交通运输、建筑等各个工业部门及环境保护、劳动保护方面，其应用日益广泛。振动试验包括响应测量、动态特性参量测定、载荷识别以及振动环境试验等内容。

振动试验是指为评定产品在预期使用环境中的抗振能力而对受振动的实物或模型进行的试验。根据施加的振动载荷类型的不同，可将振动试验分为正弦振动试验和随机振动试验两种。正弦振动试验包括定额振动试验和扫描正弦振动试验。扫描正弦振动试验要求振动频率按一定规律变化。振动试验设备分为加载设备和控制设备两部分。加载设备有机械式振动台、电磁式振动台和电液式振动台,电磁式振动台是目前使用最广泛的一种加载设备。振动控制设备用来产生振动信号和控制振动量级的大小,应具备正弦振动控制功能和随机振动控制功能。振动试验主要是环境模拟,试验参数为频率范围、振动幅值和试验持续时间。振动对产品的影响有:结构损坏,如结构变形、出现裂纹或断裂;产品功能失效或性能超差,如接触不良、继电器误动作等(这种破坏不属于永久性破坏,因为一旦振动减小或停止,工作就能恢复正常);工艺性破坏,如螺钉或连接件松动、脱焊。

3. 理论与试验结合法

在工程实践中,对于大多数的振动问题是采用理论与试验相结合的方法来解决的。在对振动问题进行分析时,首先,采用试验方法采集振动系统的振动信号,并对信号进行分析和处理,找出振动系统的响应规律、系统特性等;然后,借助于振动系统的理论模型,研究振动系统的响应随系统特征的变化规律,对原有的振动系统进行优化与改进;最后,对优化和改进后的振动系统再进行试验测试,以验证理论分析的结果。

振动问题的研究离不开理论分析和试验研究,理论分析的结果需要通过试验来验证;通过试验的方法识别出的系统特性,需要理论模型的分析计算。只有理论分析和试验验证相结合,才能更好地解决振动问题。

1.4 振动的危害与利用

在自然界中,振动给人类带来危害的例子比比皆是,如大家所熟知的地震。地震又称地动、地振动,是地壳在快速释放能量的过程中造成振动,并产生地震波的一种自然现象。地球上板块与板块之间相互挤压碰撞,造成板块边沿及板块内部产生错动和破裂,是引起地震的主要原因。地震时,最基本的现象是地面的连续振动,主要特征是明显的晃动。震区的人在感到大的晃动之前,有时首先感到上下跳动。因为地震波从地内向地面传来,纵波首先到达。横波接着产生大振幅的水平方向的晃动,是造成地震灾害的主要原因。1960年智利大地震时,最大的晃动持续了3分钟。地震造成的灾害首先是破坏房屋和构筑物,从而造成人畜的伤亡,如1976年中国河北唐山地震中,70%~80%的建筑物倒塌,人员伤亡惨重。

车辆的振动会引起车辆的平顺性变坏,车辆的平顺性通常用坐垫处的加权加速度值进行评价。当坐垫处的加权加速度数值小于等于 0.315 m/s^2 时,人们不感觉到不舒适;当坐垫处的加权加速度值在 $0.315 \sim 0.63 \text{ m/s}^2$ 之间时,人们通常能感觉到有一些不舒适;当坐垫处的加权加速度值在 $0.5 \sim 1.0 \text{ m/s}^2$ 之间时,人们感觉比较不舒适;当坐垫处的加权加速度值在 $0.8 \sim 1.6$ m/s² 之间时，人们通常感觉到不舒适；而当坐垫处的加权加速度值在 $1.25 \sim 2.5$ m/s² 之间时，人们通常感觉到很不舒适；当坐垫处的加权加速度值大于 2.0 m/s² 时，人们感觉极不舒适。

另外，机床振动会降低机床精度，产生误操作，影响其性能；机械噪声会导致纺织厂工人耳聋耳背；钻孔机、打桩机、导振器等在工作过程中产生的噪声也都属于机械噪声；飞行中的飞机遇到气流时，气流与飞机引起的共振会导致飞机折翼；航行中的轮船遇到海浪时，海浪与轮船引起的共振会导致轮船断裂。

振动对人的影响大致有以下 4 种情况。

（1）人体刚能感受到振动的信息，这就是通常所说的"感觉阈"。人们对刚超过感觉阈的振动，一般并不觉得不舒适，即多数人对这种振动是可容忍的。

（2）振动的振幅加大到一定程度，人就感觉到不舒适，或者作出"讨厌"的反应，这就是"不舒适阈"。"不舒适"是一种心理反应，是大脑对振动信息的一种判断，并没有产生生理的影响。

（3）振动振幅进一步增加，达到某种程度，人对振动的感觉就由"不舒适"进入"疲劳阈"。对超过"疲劳阈"的振动，人们不仅有心理的反应，而且有生理的反应。这就是说，振动的感受器官和神经系统的功能在振动的刺激下受到影响，并通过神经系统对人体的其他功能产生影响，如注意力的转移、工作效率的降低等。对刚超过"疲劳阈"的振动来讲，振动停止以后，这些生理影响是可以恢复的。

（4）振动的强度继续增加，就进到"危险阈"（或"极限阈"）。超过"危险阈"时，振动对人不仅有心理、生理的影响，还产生病理性的损伤。这就是说，这样强的振动将使感受器官和神经系统产生永久性病变，即使振动停止也不能复原。

另外，振动对机械结构的影响还包括：风吹桥塌、降低零部件的加工精度、影响汽车的驾驶稳定性、影响射击的瞄准精度、降低机械结构的疲劳寿命等。当然，振动对人类社会的危害还远不止这些。这就需要我们能够正视振动给人类带来的危害，同时明晰振动的产生机理，掌握振动的变化规律，并能够利用振动的变化规律为人类的生产、生活服务。

在现实生活中，人们利用振动规律为人类生产、生活服务的例子也有很多。早在 19 世纪，瑞士人就利用振动固有频率不变的性质进行计时，钟表的发明为人类的生活带来了极大的便利。在工业领域，利用振动学的基本原理发明了振动压路机、混凝土导振器等器械，减轻了工人的劳动强度，提高了工作效率。在矿业生产中，人们利用振动学的基本原理发明了振动筛对不同的金属矿物质进行筛选、分离，完成矿物质的分类处理。在通信领域，人们利用振动的基本规律设置了手机的振动模式，为手机的推广应用奠定了基础。另外，人们还利用振动来消除机械结构中的残余应力、利用振动来进行疾病的治疗等。当然，这些只是人类利用振动的一部分实例，随着人类对振动知识更加深入的研究，对振动应用的进一步挖掘，振动相关的应用能够更好地造福人类社会。

1.5 汽车上的振动问题

不同领域中的振动现象虽然表现形式各异，但其数学和力学描述基本是一致的。基于这个共性，有可能建立某种统一的理论来处理各种振动问题。借助高等数学、线性代数、概率论与数理统计、物理、力学、实验及数值计算技术，可探索各种振动问题的表象特征，明晰振动变化的基本规律，从而克服振动的消极因素，利用振动的积极因素，为合理解决人类生产、生活中的各种振动问题提供理论基础。

在现代工业设计及汽车研发生产过程中，掌握振动学的基础理论和方法，以确定和限制振动对工程结构及机械产品性能、寿命、安全的有害影响，是当今动态设计和分析的需要，也是汽车振动基础研究的主要问题之一。振动理论在工程实践中的应用主要包括振动隔离、在线控制、振动设备和工具开发及振动响应分析。其中，振动隔离是指在振源不可能完全消除的情况下，研究如何减少振动对结构的影响。根据激振源的不同，可持振动隔离分为2类：对于本身是振源的设备，为了减少它对周围机器、仪器和建筑物的影响，将它与支承隔离开，以减小传给支承的不平衡惯性力，称为积极隔振，又称主动隔振，水泵、发动机、锻锤机械等的振动隔离就属此类；对于振源是支承的情况，为了减少外界振动传到系统中来，把系统安装在一个隔振的台座上，使之与地基隔离，这种措施称为消极隔振，又称被动隔振，车辆的乘坐、精密仪器的安装、环境运输的包装、舰艇上导弹发射架的振动隔离就属此类。在线控制又称联机控制，是指利用振动信号监测设备工作状态，诊断故障，自动控制装置（控制计算机、控制器）通过检测仪表和执行机构与生产过程设备直接相连，进行实时控制和操作，而不必通过其他中间记录介质来间接对过程进行输入、输出及决策。由于自动控制发生故障时，需要生产线停止工作，因此自动控制装置要具有相应的保护措施或备用控制装置。振动设备和工具开发是指利用振动原理，研究和开发新型的振动源和振动工具，如工业中的振动筛就是利用振动学的基本原理区分不同的矿物成分，从而达到分离矿物质的目的。振动响应分析是指对系统的振动响应进行分析，研究其动态性能，如振动的时域响应分析就是研究系统在施加一定形式的输入信号后，系统的输出量随时间的变化规律。控制系统的时域响应由动态过程和稳态过程两部分组成，其中动态过程是指系统从初始状态经历了一段时间的变化，达到最终状态的响应过程；稳态过程是指动态过程结束后系统的稳定输出状态。系统受到外加作用的激励后，从初始状态到最终状态的响应过程称为瞬态响应;时间趋于无穷大时,系统的输出状态为其稳态响应。

汽车振动基础研究的另一个基础问题是汽车的 NVH(Noise、Vibration、Harshness)问题。当今社会,汽车技术的发展方向主要包括:安全性、环保性、信息化、低成本和舒适性,如图 1.3 所示。汽车的安全性一般分为主动安全性、被动安全性、事故后安全性和生态安全性。其中,主动安全性是指汽车防止或减少道路交通事故发生的性能;被动安全性是指交通事故发生后,汽车减轻人员伤害程度或货物损失的能力;事故后安全性是指汽车能减轻事故后果的性能,主要包括能否迅速消除事故后果,同时避免新的事故发生;生态安全性是指发动机排气污染、汽车行驶噪声和电磁波等对环境的影响程度。汽车的环保性是指尾气中的污染物浓度。随着国家环保标准的提高,尾气中各污染物的限制越低,汽车对环境的污染越小,实现的技术难度也越大。目前,主要是通过采用清洁能源、车身轻量化及采用可回收能源的方法来实现的。汽车信息化的建设为无人驾驶和汽车智能化的发展提供了重要的支撑和载体,是当今汽车领域研究的一个热点。汽车的低成本化是当今汽车生产厂商竞争的主要领域之一,借助于轻量化技术和大批量生产工艺,成为车企增加市场竞争力的主要方式之一。汽车的舒适性主要包括低噪声、低振动及驾驶平顺性 3 个方面,汽车舒适性的提高主要依赖于 NVH 技术的发展和支持。

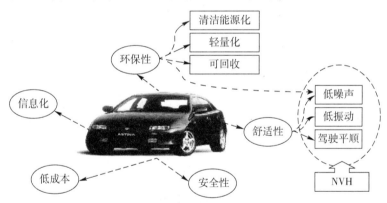

图 1.3 当今汽车技术的主要发展方向

汽车 NVH 问题即汽车的噪声、振动、舒适性(又称冲击)问题,是衡量汽车制造水平的一个综合性指标。车辆的 NVH 水平给汽车用户的感受是最直接和最明显的。统计资料表明,整车约有 1/3 的故障问题与车辆的 NVH 问题有关,而国际上各大汽车公司有近 20% 的研发费用消耗在解决车辆的 NVH 问题上。

NVH 特性的研究不仅仅适用于整个汽车新产品的开发,而且适用于现有车型乘坐舒适性的改进。具体来说,就是针对汽车的某一个系统或总成进行建模分析,找出对乘坐舒适性影响最大的因素,通过改善激励源振动状况(降幅或移频)或控制激励源振动噪声向车室内的传递来提高汽车的乘坐舒适性。

汽车动力总成悬置系统的隔振研究以及发动机进、排气噪声的研究是改善整车舒适性的重要内容，动力总成液压悬置系统的发展与完善使这一问题得到了较好的解决。悬架系统和转向系统对路面不平度激励的传递和响应对驾驶员及乘客的乘坐舒适性有很大影响，分析悬架系统的动力学特性可以改善它的传递特性，减少振动和噪声；通过对转向操纵机构和仪表板进行有限元分析，可以使转向柱管、方向盘的固有频率移出激励频率范围并保证仪表板的响应振幅最小。汽车制动时产生的噪声会严重影响车室内乘员的舒适性，实验证明，制动噪声主要是由于制动器摩擦元件磨损不均匀造成的，通过对制动盘等元件进行有限元分析以及它的磨损特性对产生噪声的影响等问题的研究，可以改善制动工况下的整车NVH特性。另外，随着车速的不断提高，高速流动的空气与车身摩擦产生的振动噪声已经成为车室噪声的重要来源。

汽车在使用一段时间之后，一些元件（如传动系的齿轮、联轴节、悬架中的橡胶衬套、制动器中的制动盘等）的磨损将对整车的NVH特性产生重要影响，它们的强度、可靠性和灵敏度分析是研究整车特性的重要工作，这也就是所谓高行驶里程下汽车NVH特性的研究问题。

汽车振动学就是把汽车作为研究对象，研究其质量、弹簧、阻尼相互关系的一门科学。汽车本身就包括质量元件（各零部件）、弹性元件（减振器、轮胎、发动机垫块等）和阻尼元件（轮胎、减振器中的阻尼部分、橡胶垫块等），故其本身就是一个振动系统。以汽车作为振动系统，其外部激励主要包括路面不平度引起的路面激励；车速和运动方向变化引起的冲击激励；车轮、发动机和传动系动不平衡引起的冲击激励；齿轮的冲击激励等。汽车振动系统的响应则主要包括汽车动力性发挥不充分；汽车的燃油经济性变差；车辆的通过性、操纵稳定性和平顺性变差；汽车零部件和所载货物的损坏；汽车整车及其零部件使用寿命的缩短等。

汽车的悬架系统如图1.4所示，它是汽车上主要的减振部件，主要功能是：缓和由不平路面传给车身的冲击载荷，衰减由冲击载荷引起的承载系统的振动。悬架振动主要用来研究汽车的平顺性。汽车悬架包括弹性元件、减振器和传力装置，这三部分分别起缓冲、减振和传递力的作用。其中，螺旋弹簧是现代汽车上用得最多的弹簧，其优点是吸收冲击的能力强，使汽车的乘坐舒适性好；缺点是长度较大，占用空间多，安装位置的接触面也较大，使得悬架系统的布置难以做到很紧凑。此外，由于螺旋弹簧本身不能承受横向力，所以在独立悬架中不得不采用四连杆螺旋弹簧等复杂的组合机构。出于乘坐舒适性的考虑，希望对于频率高且振幅小的地面冲击，弹簧能表现得柔软一点；当冲击力大时，又能表现出较大的刚性，减小冲击行程。因此，需要弹簧同时具有2种甚至2种以上的刚度，可采用钢丝直径不等或螺距不等的弹簧，它们的刚度随负载的增加而增加。钢板弹簧多用于厢式车及卡车，它由若干片长度不同的细长弹簧片组合而成，比螺旋弹簧结构更简单，成本更低，可紧凑地装配于车身底部，工作时各片间产生摩擦，具有衰减效果，但如果产生严重的干摩擦，就会影响吸收冲击的能力。扭杆弹簧是利用具有扭曲刚性的弹簧钢制成的长杆，一端固定于车身，另一端与悬架上臂相连，车轮上下运动时，扭杆发生扭转变形，起到弹簧的作用。气体弹簧利用气体的可压缩性代替金属弹簧，它最大的优点就是具有可变的刚度（随气体的不断压缩刚度渐渐增加，且这种增加是一个连续的渐变过程），而不像金属弹簧是分级变化的，它的另一个优点是具有可调整性，即弹簧的刚度和车身的高度是可以主动调节的。

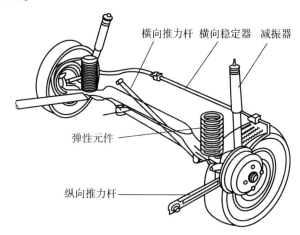

图1.4 汽车的悬架系统

汽车的制动性是指汽车行驶时在较短的距离内停车且维持行驶方向稳定性的能力及在下长坡时维持一定的速度的能力。由车辆的制动引起的汽车颤振也是汽车振动基础研究的一个主要问题。自从汽车诞生之日起，汽车的制动性就显得至关重要；随着汽车技术的发展和汽车行驶速度的提高，其重要性也显得越来越明显，直接关系到交通安全。由于重大交通事故往往与制动距离太长、紧急制动时发生侧滑等情况有关，因此汽车的制动性是汽车行驶的重要保障。

汽车的操纵稳定性是指在驾驶员不感到过分紧张、疲劳的情况下，汽车能遵循驾驶员通过转向系及转向车轮给定的方向行驶；当遭遇外界干扰时，汽车能抵抗干扰而保持稳定行驶的能力。操纵稳定性是结合了汽车操纵性和稳定性的综合特性。操纵性是汽车及时而准确地执行驾驶员转向指令的能力；稳定性是汽车在行驶过程中，受到外界干扰后维持或迅速恢复原来运动状态的能力。操纵稳定性既反映汽车的实际行迹与驾驶员主观意图在时间上和空间上的吻合程度，又反映汽车运行的稳定程度。可以说，稳定性是操纵性的保证，稳定性丧失便导致操纵性失控，两者性质不同而相互依存。驾驶员依据环境条件及汽车行驶状态，通过方向盘等操纵机构对汽车发出调整行迹的指令，又通过感官的主观感觉将汽车实际行迹的变化与原意图进行比较后，再发出修正指令，直到满意为止。

汽车的车身及车架作为汽车系统的骨架，一般情况下均为连续体，具有无限多个自由度，现代汽车设计中常采用有限元分析法对其性能进行分析评价。有限元分析法是把连续体视为由若干个在节点处彼此相连接的基本单元组合，把连续体的结构振动问题转化为有限个自由度的单元振动问题。有限元分析法主要由单元划分、单元特性分析和结构综合三个步骤组成，在当今的车辆设计研发领域占据着重要的地位。运用车辆有限元分析技术，可以对车辆零部件、装配体、总成及整车的结构强度、刚度、疲劳、耐久性等性能进行分析，该技术是进行车辆振动分析及优化设计的关键技术之一。

习 题

一、判断题

1. 振动系统可以是一个零部件、一台机器或者一个完整的工程结构。（　　）
2. 汽车作为一个复杂的振动系统，其内部各零部件具有不同的固有频率。（　　）
3. 在机械振动中，把外界对系统的作用称为振动系统的响应，而系统对外界影响的反应，称为振动系统的激励。（　　）
4. 振动系统受到初始干扰后（可以是力干扰也可以是位移干扰），在没有外界激励作用时的振动称为简谐振动。（　　）
5. 自激振动指的是系统在输入和输出之间具有反馈特性，系统自身能够进行能源的补充的振动系统。（　　）
6. 参数振动指的是在振动系统中，周期或随机地改变系统的特性参数而产生的振动。（　　）
7. 若振动系统需用多个独立坐标才能确定位置，则该振动系统称为多自由度系统。（　　）
8. 汽车在不平路面上行驶时的振动为周期振动。（　　）

二、选择题

1. 振动分析是进行大量汽车动态性能分析的理论基础，下列哪些应用用到了汽车振动的相关知识。（　　）
   A. 汽车平顺性　　　　　　　　B. 乘坐舒适性
   C. 发动机的减振隔振　　　　　D. 振动噪声控制

2. 下列哪些是利用振动为人类服务的实例？（　　）
   A. 钟表　　　B. 振动压路机　　　C. 振动筛　　　D. 地震

3. 以实现一定的机械运动、输出一定的机械能，以及承受一定的机械载荷为目的的系统，称为（　　）。
   A. 振动体　　　B. 振动　　　C. 振动系统　　　D. 机械系统

4. 振动系统的输入，往往被称为（　　）。
   A. 响应　　　B. 激振　　　C. 冲击　　　D. 激励

5. 振动系统的输出，往往被称为（　　）。
   A. 响应　　　B. 激振　　　C. 冲击　　　D. 激励

6. 在振源不可能完全消除的情况下，研究如何减小振动对结构的影响，称为（　　）。
A. 故障诊断　　　　B. 振动隔离　　　　C. 在线控制　　　　D. 响应分析

7. 利用振动信号监测设备工作状态，诊断故障，称为（　　）。
A. 故障诊断　　　　B. 振动隔离　　　　C. 在线控制　　　　D. 响应分析

8. 汽车NVH问题即汽车的（　　），是衡量汽车制造质量的一个综合性指标，它给汽车用户的感受是最直接和最表面的。
A. 振动　　　　　　B. 噪声　　　　　　C. 舒适性　　　　　D. 平顺性

9. 现代汽车的技术发展方向主要包括哪些方面？（　　）。
A. 安全、环保、信息化、低成本和舒适性
B. 安全、环保、高速化、低成本和舒适性
C. 安全、环保、信息化、低成本和平顺性
D. 安全、节油、信息化、低成本和舒适性

10. 对系统进行振动响应分析，研究其动态性能，称为振动（　　）。
A. 故障诊断　　　　B. 振动隔离　　　　C. 在线控制　　　　D. 响应分析

11. 振动变化快慢称为振动（　　）。　　　　　　　　　　（　　）
A. 频率　　　　　　B. 频次　　　　　　C. 次数　　　　　　D. 冲击

12. 振动频率的单位是？　　　　　（　　）
A. m/s　　　　　　B. m/s^2　　　　　C. Hz　　　　　　　D. s

13. 根据给定的条件及求解的问题不同，振动所研究的问题主要包括（　　）。
A. 振动分析　　　　B. 环境预测　　　　C. 系统识别　　　　D. 故障诊断

14. 已知激励和系统特性，求响应，称为（　　）。
A. 振动分析　　　　B. 环境预测　　　　C. 系统识别　　　　D. 故障诊断

15. 已知系统特性和响应，求系统所受到的激励，称为（　　）。
A. 振动分析　　　　B. 环境预测　　　　C. 系统识别　　　　D. 故障诊断

16. 已知激励和响应，确定系统特性，称为（　　）。
A. 振动分析　　　　B. 环境预测　　　　C. 系统识别　　　　D. 故障诊断

17. 物理量按时间的正弦或余弦函数变化，称为（　　）。
A. 振动　　　　　　B. 简谐振动　　　　C. 随机振动　　　　D. 阶跃振动

18. 把一周期函数展开成傅里叶级数，将非简谐的周期函数展开成一系列简谐函数之和，并应用于振动理论，称为（　　）。
A. 傅里叶变换　　　B. 振动响应　　　　C. 频谱分析　　　　D. 谐波分析

19. 根据系统的输入、输出和系统特性不同，机械振动可分为（　　）。
A. 自由振动　　　　B. 强迫振动　　　　C. 自激振动　　　　D. 参数振动

20. 周期或随机地改变系统特性参数而产生的振动，称为（　　）。
A. 自由振动　　　　B. 强迫振动　　　　C. 自激振动　　　　D. 参数振动

21. 振动量不是时间的函数，只能通过概率统计的方法来研究，且振动过程中振幅、

相位、频率都是随机变化的，这类振动称为（   ）。

A. 强迫振动　　　　B. 周期振动　　　　C. 非周期振动　　　　D. 随机振动

三、简答题

1. 什么是振动系统？
2. 常见的振动问题有哪几种类型？
3. 根据系统的输入、输出和系统的特性不同，可将振动分为哪几类？
4. 根据描述系统的微分方程的不同，可将振动分为哪几类？
5. 根据系统的自由度数不同，可将振动分为哪几类？
6. 根据系统的振动规律的不同，可将振动分为哪几种？
7. 何为汽车振动学？
8. 何为汽车的制动性？
9. 何为汽车的操纵稳定性？

第 2 章
单自由度系统的振动

只有一个自由度的振动系统是单自由度振动系统，简称为单自由度系统。单自由度线性振动系统是最简单的振动系统，可以用一个常系数的二阶线性常微分方程来描述其振动规律。典型的单自由度振动系统如图 2.1 所示，在图 2.1（a）所示的弹簧质量系统中，质量块 m 只在垂直方向上运动，故只需一个垂直方向的位移 x 即可确定其运动情况，其中的弹簧元件 k 只考虑其刚度而不考虑其质量，质量元件 c 只考虑其质量而不考虑其弹性；图 2.1（b）所示为扭转摆振系统，圆盘 j 只能绕其纵轴线振动，只需要一个坐标 θ 即可确定其运动状态；图 2.1（c）所示为单摆系统，在单摆摆长 L 一定的情况下，其运动状态可由摆角 θ 唯一确定。

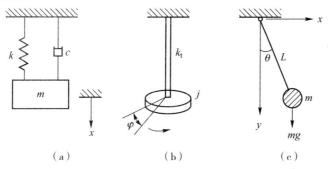

图 2.1 典型的单自由度振动系统
(a) 弹簧质量系统；(b) 扭转摆振系统；(c) 单摆系统

单自由度系统在振动理论及其应用中是最基本的。在工程实际中，把振动问题简化成一个单自由度系统可以得到初步的、甚至是工程上满意的结果。在理论分析过程中，利用单自由度振动系统的直观性、简单性，可以把握振动系统的基本性质。同时，单自由度振动系统的振动理论和方法又是研究多自由度振动系统振动理论和方法的基础，即多自由度系统振动的运动微分方程组在某些条件下经过处理后可以归纳为求解一组由一些互不相关的二阶常系数微分方程构成的微分方程组，其中每个方程都可以看作单自由度系统的数学方程。因此，研究和掌握单自由度系统的振动理论是非常必要的。

2.1 单自由度振动系统

2.1.1 单自由度振动系统的基本概念

振动是一种运动形态，是指物体在平衡位置附近做的往复运动。单自由度振动系统是指在振动过程中，振系的任一瞬间形态由一个独立坐标即可确定的系统。例如，研究汽车垂直方向的振动的时候，汽车的运动状态可以用汽车质心处的垂直坐标来表示，此时的汽车振动系统即为单自由度振动系统。对于一个振动系统而言，其振动响应是由哪些因素决定的呢？通常意义上讲，振动系统的运动状态取决于振动系统的四要素，即质量、弹性、阻尼及激励。其中，质量是表征力和加速度关系的物理量，在力学模型中，它被抽象为绝对不变形的刚体；弹性则是表征力和位移关系的物理量，在力学模型中被抽象为无质量并具有线弹性的元件；阻尼是表征力与速度关系的物理量，在力学模型中被抽象为无质量并具有线性阻尼系数的物理量；激励是指外界施加给振动系统的力或位移，它是系统振动的外部因素。

实际机器或结构元件的质量是分布式的，弹性也是分布式的。这种分布参数系统往往不能按照解析法求解，需要简化成离散系统，也就是简化成具有若干集中质量并由相应的弹簧和阻尼器连接在一起的系统。当一个实际振动系统比较复杂时，建立的模型越复杂越接近实际情况，也越能进行逼真的模拟。然而，建立的模型越复杂，分析越困难；建立的模型越简单，分析越容易，但是得到的结果可能不精确。所以，在建立振动系统力学模型的过程中，总是在求解的简化表达和逼真模拟二者之间折中。但是，一个完整系统的力学模型不仅与实际机械的结构有关，还与研究内容和侧重点有关。以汽车这样一个复杂的振动系统为例，要根据分析的问题进行简化。把汽车车身看作刚体的立体模型，由车身、车架及各种零部件组成，通过减振器和悬架弹簧与车轴、车轮相连接。

2.1.2 简谐振动及其表示方法

1. 简谐振动

机械振动时，若描述其振动的物理量是随时间变化的，可以表示为时间 t 的函数，这种描述振动的方法称为时域描述。

周期运动是物体运动的一种形式，它的特点是经过相等的时间间隔 T 后运动又重复出现。T 称为周期运动的周期。如果物体运动用时间函数表示，周期运动满足

$$x(t+T) = x(t)$$

简谐运动是最简单的周期运动，它是时间的单一正弦或余弦函数，即

$$x(t) = A\sin(\omega t + \theta)$$

或

$$x(t) = B\cos(\omega t - \theta)$$

如果振动时系统的物理量随时间变化的函数为简谐函数，则称此系统的振动为简谐振动。单自由度系统无阻尼自由振动时，它的位移、速度等物理量随时间变化的函数就是简谐函数。简谐运动可视为一个绕原点做等速圆周运动的点在水平轴上的投影，如图 2.2 所示。

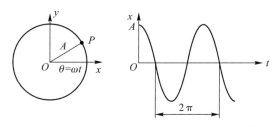

图 2.2　简谐运动在水平轴上的投影

在图 2.2 中，取水平轴为 x 轴，点 P 距原点的距离为 A，直线 OP 由水平位置开始以等角速度 ω 绕 O 点转动，在任一时刻 t，OP 在 x 轴上的投影为

$$x(t) = A\cos\omega t$$

式中：ωt 为相位，表示直线 OP 在 t 时刻与水平轴的夹角；ω 是直线 OP 在单位时间内转过的弧度，称为圆频率，即为理论力学中的角速度，单位为 rad/s。

因为直线 OP 绕原点转过 2π 弧度为一个周期 T，故上式应满足条件

$$A\cos\omega(t+T) = A\cos(\omega t + 2\pi)$$

即

$$\omega = \frac{2\pi}{T}$$

令

$$f = \frac{1}{T} = \frac{\omega}{2\pi}$$

为简谐运动的频率。如果一个振动系统的振动位移为简谐运动，称此振动为简谐振动。

如果直线 OP 不是由水平位置开始转动，其初始位置与水平位置的夹角为 $-\varphi$，则 OP 在 x 轴上的投影为

$$x(t) = A\cos(\omega t - \varphi)$$

式中：$-\varphi$ 为初相位。

简谐振动的速度和加速度的表达式分别为

$$\dot{x}(t) = -A\omega\sin(\omega t - \varphi) = A\omega\cos(\omega t - \varphi + \frac{\pi}{2})$$

$$\ddot{x}(t) = -A\omega^2\cos(\omega t - \varphi) = A\omega^2\cos(\omega t - \varphi + \pi)$$

可见，简谐振动的速度函数、加速度函数与位移函数一样，都是简谐函数。三者的频

率相同，而速度、加速度的相位分别比位移超前 $\frac{\pi}{2}$ 和 π，幅值分别增大 ω 和 ω^2 倍。由上面的分析可知

$$\ddot{x}(t) = -\omega^2 x(t) \tag{2-1}$$

即简谐振动的加速度大小与位移成正比，方向与位移相反。这是简谐振动的一个重要特点。

2. 简谐振动的表示方法

在振动问题中，用大小不变而绕固定起始点旋转的旋转矢量表示简谐振动能更形象地说明简谐振动的物理概念。

把图 2.2 中的直线 OP 看作绕 O 点旋转的矢量 $\boldsymbol{\alpha}$，如图 2.3 所示。$\boldsymbol{\alpha}$ 与 x 轴的夹角为 $(\omega t - \varphi)$，$-\varphi$ 是 $t=0$ 时 $\boldsymbol{\alpha}$ 与 x 轴的夹角，即初相角。当角 $(\omega t - \varphi)$ 随时间 t 线性增大时，意味着整个矢量以角速度 ω 沿逆时针方向旋转，矢量 $\boldsymbol{\alpha}$ 在两个坐标轴上的投影按简谐函数规律变化，每当矢量转过 2π 角度，运动就出现重复，这种矢量称为旋转矢量。

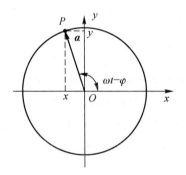

图 2.3 简谐振动的矢量表示法

矢量 $\boldsymbol{\alpha}$ 在 x 和 y 轴上的投影分别为

$$\begin{cases} x(t) = \cos(\omega t - \varphi) \\ y(t) = \sin(\omega t - \varphi) \end{cases}$$

两个同角速度的旋转矢量之和满足矢量求和的平行四边形法则，并保持角速度不变。从物理上讲，两个同频率的简谐振动可以合成为一个与原来频率相同的简谐振动；反之，一个简谐振动也可以写成两个与其频率相同、彼此相位差为任一给定值的简谐振动之和。上式中的两个简谐振动相位差为 $\pi/2$，这表明做简谐振动的振动物体从偏离平衡位置的任一位置开始的简谐振动，相当于两个频率相同、相位差为 $\pi/2$ 的简谐振动的合成。

简谐振动除了可以采用矢量表示法外，还可以采用复数表示法描述。如图 2.4 所示，一个复数 z 对应着复平面上的一个点 z，因此可用一个由原点指向该点的矢量表示。这个矢量的长度就是复数 z 的模 A，其与实轴的夹角由幅角 θ 确定。

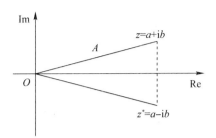

图 2.4 简谐振动的复数表示法

根据直角坐标 (x, y) 和复数 $z = x + yi$ 的对应关系，利用欧拉公式

$$e^{i\theta} = \cos\theta + i\sin\theta$$

可得

$$z = x + yi = A(\cos\omega t + i\sin\omega t) = Ae^{i\omega t} \tag{2-2}$$

这里的 $e^{i\omega t}$ 可视为一个在复平面上以角速度 ω 旋转的单位复矢量。z 的模和幅角分别表示为

$$\begin{cases} |z|^2 = A^2 = x^2 + y^2 \\ \omega t = \arctan(y/x) \end{cases}$$

复矢量分为实数部分和虚数部分，它们都是时间的简谐函数，即

$$\begin{cases} x = \text{Re } z = \text{Re } Ae^{i\omega t} = A\cos\omega t \\ y = \text{Im } z = \text{Im } Ae^{i\omega t} = A\sin\omega t \end{cases}$$

例题 2.1 某一简谐振动，其振幅为 0.5 cm，周期为 0.15 s，求最大速度和最大加速度。

解： 该简谐振动的运动方程可以表示为

$$x(t) = A\cos(\omega t - \varphi)$$

其中，振幅 $A = -0.005$ m，$\omega = \dfrac{2\pi}{T} = \dfrac{2\pi}{0.15} = 41.87$ rad/s，故

$$x(t) = 0.005\cos(41.87t - \varphi)$$

$$\dot{x}(t) = -A\omega\sin(\omega t - \varphi) = -0.2093\sin(41.87t - \varphi)$$

$$\ddot{x}(t) = -A\omega^2\cos(\omega t - \varphi) = -8.764787\cos(41.87t - \varphi)$$

由于 $\sin(41.87t - \varphi)$、$\cos(41.87t - \varphi)$ 的最大值为 1，故该简谐振动的最大速度和最大加速度分别为 0.2093 m/s、8.764787 m/s^2。

2.1.3 线性叠加原理

叠加原理是分析线性振动系统振动性质的基础。由高等数学的知识可知，如果微分方程的左端取不同的函数，在初始条件不变的情况下，方程的解也随之发生变化。对于线性常微分方程，若

$$\begin{cases} \dfrac{d^n x_1(t)}{dt^n} + a_{n-1}\dfrac{d^{n-1}x_1(t)}{dt^{n-1}} + \cdots + a_1\dfrac{dx_1(t)}{dt} + a_0 x_1 = y_1(t) \\ \dfrac{d^n x_2(t)}{dt^n} + a_{n-1}\dfrac{d^{n-1}x_2(t)}{dt^{n-1}} + \cdots + a_1\dfrac{dx_2(t)}{dt} + a_0 x_2 = y_2(t) \end{cases} \tag{2-3}$$

则有

$$\frac{d^n[x_1(t)+x_2(t)]}{dt^n}+a_{n-1}\frac{d^{n-1}[x_1(t)+x_2(t)]}{dt^{n-1}}+\cdots+a_1\frac{d[x_1(t)+x_2(t)]}{dt}+$$

$$a_0(x_1+x_2)=y_1(t)+y_2(t) \tag{2-4}$$

设 a、b 是与 t、x 和 y 无关的常数,若 x_1、x_2 满足式 (2-3),则

$$\frac{d^n[ax_1(t)+bx_2(t)]}{dt^n}+a_{n-1}\frac{d^{n-1}[ax_1(t)+bx_2(t)]}{dt^{n-1}}+\cdots+a_1\frac{d[ax_1(t)+bx_2(t)]}{dt}+$$

$$a_0(ax_1+bx_2)=ay_1(t)+by_2(t) \tag{2-5}$$

可见,对于线性常微分方程,方程左端函数的线性组合对应的方程解是各个函数对应解的线性组合。实际上,该性质对于所有的线性微分方程都成立,称为微分方程的线性叠加原理。线性叠加原理也用于判断一个微分方程是不是线性微分方程。

任一线性振动系统均可以用一个线性的运动微分方程或运动微分方程组来描述,即可以统一的表示为

$$R[x]=F(t)$$

此处,R 称为微分算子。按照振动理论的习惯,此处的 x 一般表示振动系统的响应,而 $F(t)$ 则表示外部施加于系统的激励。因此,一个微分算子可对应于一个振动系统,且微分算子的性质完全由系统的物理性质决定,与外部激励无关。

对于任一微分算子 R,如果有任意两个激励 $F_1(t)$、$F_2(t)$,其对应的两个响应分别为 $x_1(t)$、$x_2(t)$,即

$$R[x_1]=F_1(t)$$
$$R[x_2]=F_2(t)$$

如果对激励

$$F(t)=c_1F_1(t)+c_2F_2(t) \quad (c_1、c_2 为任意常数)$$

有对应的响应 $x(t)$,并满足

$$R[x]=F(t)$$

且

$$x(t)=c_1x_1(t)+c_2x_2(t)$$

即

$$R[c_1x_1(t)+c_2x_2(t)]=c_1F_1(t)+c_2F_2(t)=c_1R[x_1]+c_2R[x_2] \tag{2-6}$$

则称 R 为线性微分算子,R 所对应的微分方程为线性微分方程,R 所代表的系统为线性系统。式 (2-6) 即为线性叠加原理。

由上面的分析可知,若某一振动系统为线性振动系统,其运动微分方程为线性微分方程,其微分算子则为线性微分算子,叠加原理在该振动系统中成立。

2.2 单自由度系统无阻尼自由振动

自由振动是系统在初始激励下或外加激励消失后的一种振动形态。自由振动时系统不受外界激励的影响，其振动规律完全取决于系统本身的性质。

2.2.1 单自由度系统无阻尼自由振动问题的求解方法

对于单自由度系统无阻尼自由振动问题，其一般的求解步骤如下。

（1）选择合适的广义坐标。根据振动系统的运动特点，选取适当的广义坐标和坐标原点，对振动系统各元件的位移、速度、加速度等进行描述。

（2）分析运动。对振动系统各元件的运动变化情况及运动规律进行分析，并采用适当的函数描述出系统各元件的位移、速度、加速度等。

（3）分析受力。对振动系统的各元件进行受力分析，确定各元件的受力情况，并采用适当的函数将其表述出来。

（4）选择合适的动力学定理。根据各元件的运动规律及其受力情况，选用合适的动力学定理将其联系起来。

（5）建立运动微分方程。根据振动系统各元件的受力分析及运动分析，结合动力学定理，建立包含振动系统位移、速度、加速度及外部激励的运动微分方程（速度为位移对时间的一阶导数、加速度为位移对时间的二阶导数）。

（6）求解运动微分方程，利用初始条件确定积分常数。利用高等数学里常微分方程解的基本知识（单自由度振动系统）或线性代数里矩阵的求解方法（多自由度振动系统）求解微分方程的解，并根据初始条件确定微分方程里通解的常数项。

2.2.2 单自由度系统无阻尼自由振动微分方程

在不考虑系统振动能量耗散的前提下，单自由度无阻尼自由振动系统简化的力学模型如图 2.5 所示。

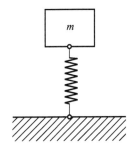

图 2.5　单自由度无阻尼自由振动系统简化的力学模型

图 2.5 中，质量块 m 只能沿垂直方向运动，假设 x 为质量块的位移，质量块的静平衡位置为坐标原点 O，λ 为弹簧静变形，则单自由度无阻尼自由振动系统的受力情况如图 2.6 所示。

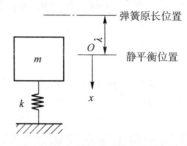

图 2.6　单自由度无阻尼自由振动系统的受力情况

质量块主要受到重力 mg 和弹簧弹力 $k(\lambda + x)$ 作用，系统受到初始扰动后，根据牛顿第二定律，即

$$m\ddot{x} = mg - k(\lambda + x)$$

在静平衡位置有

$$mg = k\lambda$$

由上面的分析可知，单自由度系统无阻尼自由振动的微分方程为

$$m\ddot{x} + kx = 0 \tag{2-7}$$

由式（2-7）可知，由于单自由度系统的质量、刚度是与时间无关的常数，自由振动的激励为 0，且振动是由初始条件引起的，故单自由度系统无阻尼自由振动的微分方程是二阶常系数齐次线性微分方程。

令 $\omega_n = \sqrt{\dfrac{k}{m}}$ 为系统的固有角频率，其单位为 rad/s，则单自由度系统无阻尼自由振动的微分方程可以表示为

$$\ddot{x} + \omega_n^2 x = 0$$

由高等数学常系数线性微分方程的通解可知，上式的通解可以表示为

$$x = c_1 \cos \omega_n t + c_2 \sin \omega_n t \tag{2-8}$$

式中：c_1、c_2 为任意常数。

通解形式也可以表示为

$$x = A\sin(\omega_n t + \varphi) \tag{2-9}$$

式中：A、φ 为任意常数，它们与 c_1、c_2 的关系为

$$\begin{cases} A = \sqrt{c_1^2 + c_2^2} \\ \varphi = \arctan\left(\dfrac{c_1}{c_2}\right) \end{cases}$$

令

$$f = \dfrac{1}{2\pi}\sqrt{\dfrac{k}{m}} \tag{2-10}$$

为系统的固有频率，单位为 Hz。系统的固有频率只取决于系统刚度、质量的比值，与外界激励以及振动方式无关。系统的固有频率是系统的特有属性，一旦系统确定，则该系统的固有频率就随之确定。例如，汽车一旦其设计参数确定，其固有频率即随之确定，但汽车固有频率随着汽车的质量、弹性元件的变化而发生变化。系统的振幅 A 和初相位 φ 不是系统的固有属性，与系统受到的外界激励以及振动初始时刻的状态有关。

设零时刻的初始条件为

$$x(0) = x_0, \quad \dot{x}(0) = \dot{x}_0$$

由

$$x(t) = c_1 \cos \omega_n t + c_2 \sin \omega_n t$$

可得

$$\dot{x}(t) = -c_1 \omega_n \sin \omega_n t + c_2 \omega_n \cos \omega_n t$$

已知

$$x(0) = x_0, \quad \dot{x}(0) = \dot{x}_0$$

故

$$x_0 = c_1, \quad \dot{x}_0 = c_2 \omega_n$$

可得

$$c_1 = x_0, \quad c_2 = \frac{\dot{x}_0}{\omega_n}$$

故

$$x = x_0 \cos \omega_n t + \frac{\dot{x}_0}{\omega_n} \sin \omega_n t = A \sin(\omega_n t + \varphi) \tag{2-11}$$

其中

$$\begin{cases} A = \sqrt{x_0^2 + \left(\dfrac{\dot{x}_0}{\omega_n}\right)^2} \\ \varphi = \arctan\left(\dfrac{x_0 \omega_n}{\dot{x}_0}\right) \end{cases}$$

由式 (2-11) 可知，无阻尼的质量弹簧系统受到初始扰动后，其自由振动以固有频率为振动频率做简谐运动，永无休止。初始条件是指外界能量转入的方式，有初始位移即转入了弹性势能，有初始速度即转入了动能。

例题 2.2 在如图 2.7 所示的提升机振动系统中，已知重物所受重力 $W = 1.47 \times 10^5$ N，钢丝绳的刚度 $k = 5.78 \times 10^4$ N/cm，重物以 $v = 15$ m/min 的初速度下降，当绳的上端忽然被卡住时，求：(1) 物体的振动频率；(2) 钢丝绳的最大张力。

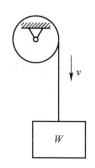

图 2.7 提升机振动系统

解：（1）物体的振动频率

$$\omega_n = \sqrt{\frac{k}{m}} = \sqrt{\frac{gk}{W}} = 19.6 \text{ rad/s}$$

（2）重物匀速下降时处于平衡位置，取卡住瞬时重物位置为坐标原点，则 $t = 0$ 时

$$x_0 = 0, \quad \dot{x}_0 = v$$

该单自由度系统无阻尼自由振动方程的解可以表示为

$$x = x_0 \cos \omega_n t + \frac{\dot{x}_0}{\omega_n} \sin \omega_n t$$

$$= \frac{v}{\omega_n} \sin \omega_n t$$

$$= \frac{15}{19.6 \times 60} \sin(19.6t)$$

$$= 0.012\,8 \sin(19.6t)$$

则钢丝绳中的最大张力，等于静张力与因振动引起的动张力之和，即

$$T_{\max} = W + kA$$

$$= 1.47 \times 10^5 + 5.78 \times 10^6 \times 0.012\,8$$

$$= 2.21 \times 10^5 \text{ N}$$

2.2.3 能量守恒原理

对于不计阻尼，即认为没有能量损失的单自由度系统，也可以利用能量守恒原理建立自由振动的微分方程，或直接求出系统的固有频率。

能量守恒定律是自然界的基本定律之一。一般表述为：能量既不会凭空产生，也不会凭空消失，它只会从一种形式转化为另一种形式，或者从一个物体转移到其他物体，而能量的总量保持不变。也可以表述为：一个系统的总能量的改变只能等于传入或者传出该系统的能量的多少。总能量为系统的机械能、热能及除热能以外的任何形式内能的总和。

无阻尼系统为保守系统，其机械能守恒，即动能 T 和势能 V 之和保持不变，即

$$T + V = C \tag{2-12}$$

或

$$\frac{d}{dt}(T+V) = 0 \qquad (2-13)$$

单自由度无阻尼弹簧质量系统如图 2.8 所示。

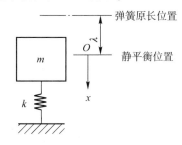

图 2.8 单自由度无阻尼弹簧质量系统

系统的动能 $T = \frac{1}{2}m\dot{x}^2$，系统的势能包括重力势能 $-mgx$ 和弹性势能 $\int_0^x k(\lambda + x)dx$，故

$$V = -mgx + \int_0^x k(\lambda + x)dx = -mgx + k\lambda x + \frac{1}{2}kx^2$$

由于

$$mg = k\lambda$$

故

$$V = -mgx + k\lambda x + \frac{1}{2}kx^2 = \frac{1}{2}kx^2$$

由式（2-13）可得

$$\frac{d}{dt}\left(\frac{1}{2}kx^2 + \frac{1}{2}m\dot{x}^2\right) = (m\ddot{x} + kx)\dot{x} = 0$$

由于 $\dot{x}$ 不可能恒为 0，故

$$m\ddot{x} + kx = 0$$

当系统在平衡位置时，$x = 0$，质量块的速度为最大值，其势能为 0，此时系统的动能具有最大值 $T_{\max}$；当系统在最大偏离位置时，质量块的速度为 0，系统的动能也为 0，此时系统的势能具有最大值 $V_{\max}$。由于系统的机械能守恒，故有

$$T_{\max} = V_{\max} \qquad (2-14)$$

2.2.4 等效刚度、质量、阻尼

弹性元件的刚度在振动问题中具有特定的含义。使系统的某点沿指定方向产生单位位移（线位移或角位移）时，在该点沿同一方向施加的力（力矩），称为系统在该点沿指定方向的刚度。在实际振动系统中，常常不是单独使用一个弹性元件，而是采用多个弹性元件组成的质量和弹簧系统。在简化该质量和弹簧系统时，就需要把多个弹性元件折算成一等效弹簧，等效弹簧刚度和多个弹性元件的刚度相等。**使系统在选定的坐标沿某方向产生单位位移所需要的在此方向上施加的力，称为系统在这个坐标上的等效刚度。**

例题 2.3 试求如图 2.9 所示的串联弹簧系统的等效刚度。

图 2.9 串联弹簧系统的等效刚度

解：设在质量块上施加力 F，则弹簧 1 的变形可以表示为

$$\lambda_1 = \frac{F}{k_1}$$

弹簧 2 的变形可以表示为

$$\lambda_2 = \frac{F}{k_2}$$

总变形

$$\lambda = \lambda_1 + \lambda_2 = \left(\frac{1}{k_1} + \frac{1}{k_2}\right)F$$

根据等效刚度的定义得

$$K_e = \frac{F}{\lambda} = \frac{k_1 k_2}{k_1 + k_2}$$

或

$$\frac{1}{K_e} = \frac{1}{k_1} + \frac{1}{k_2}$$

例题 2.4 试求如图 2.10 所示的并联弹簧系统的等效刚度。

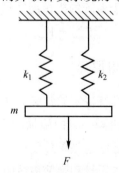

图 2.10 并联弹簧系统的等效刚度

解：设在质量块上施加力 F 使质量块竖直向下运动 λ，两弹簧的变形量相等（均为

λ），但受力情况不相等，即

弹簧 1 受力
$$F_1 = k_1 \lambda$$

弹簧 2 受力
$$F_2 = k_2 \lambda$$

由质量块的受力平衡，可得
$$F = F_1 + F_2 = (k_1 + k_2)\lambda$$

根据等效刚度的定义，可知并联弹簧的等效刚度
$$K_e = \frac{F}{\lambda} = k_1 + k_2$$

由此可知，**串联弹簧的等效刚度的倒数等于各弹簧刚度倒数之和，而并联弹簧的等效刚度等于各弹簧刚度之和**。

同等效刚度一样，在实际系统较复杂时，可以用能量守恒法确定系统的等效质量。**振动系统等效质量的计算主要是依据实际系统要转化的质量的动能与等效质量动能相等**。

在研究单自由度系统无阻尼自由振动的过程中，由于忽略了运动的阻力，故振动过程中机械能守恒，系统能保持持久的等幅振动。但实际上，振动系统在振动过程中受到的阻力不可避免，因此在一定的时间内自由振动逐渐衰减，直至完全消失。在振动系统中存在的所有的阻力统称为阻尼，工程实践中常常利用各种阻尼来控制振动。例如，汽车减振器中的阻尼器通过阻尼液来衰减地面传递到车身的振动，汽车的钢板弹簧利用板簧片之间的干摩擦来产生阻尼效果。在本书中，如未特殊提及，所指的阻尼均为黏性阻尼。黏性阻尼的基本特征是振动系统受到的阻力与速度成正比，即

$$F = c\dot{x} \tag{2-15}$$

式中：F 为振动系统受到的阻力，N；c 为黏性阻尼系数，N·s/m；$\dot{x}$ 为振动系统的速度，m/s。

在工程实践中，还可以依据振动一个周期中所耗散的能量等于黏性阻尼所耗散的能量来计算等效黏性阻尼系数。

设系统的响应为
$$x = X\sin(\omega t - \varphi)$$

则
$$\dot{x} = X\omega\cos(\omega t - \varphi)$$

系统做简谐强迫振动时黏性阻尼力
$$F_c = c\dot{x} = cX\omega\cos(\omega t - \varphi)$$

黏性阻尼在振动一个周期内所做的功
$$W_c = \int_0^T F_c \dot{x} \mathrm{d}t = \int_0^{\frac{2\pi}{\omega}} cX^2\omega^2 \cos^2(\omega t - \varphi)\mathrm{d}t = \pi c\omega X^2$$

等效黏性阻尼在一个周期内所做的功等于非黏性阻尼所做的功 w_d，即
$$w_d = W_c = \pi c_e \omega X^2$$

故等效黏性阻尼系数可以表示为

$$c_e = \frac{w_d}{\pi \omega X^2} \quad (2-16)$$

例题 2.5 某振动系统如图 2.11 所示，试求 C 点处的等效刚度。

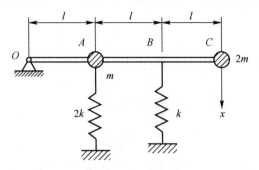

图 2.11 某振动系统

解：C 点处质点的质量为 $2m$，位移为 x；B 点处弹簧的刚度为 k，位移为 $\frac{2}{3}x$；A 点处质点的质量为 m，弹簧的刚度为 $2k$，位移为 $\frac{1}{3}x$，则

$$U_a = \frac{1}{2}(2k)\left(\frac{1}{3}x\right)^2 + \frac{1}{2}k\left(\frac{2}{3}x\right)^2 = \frac{1}{2}\left(\frac{2}{3}k\right)x^2$$

$$U_e = \frac{1}{2}k_e x^2$$

又因为

$$U_a = U_e$$

故

$$k_e = \frac{2}{3}k$$

例题 2.6 在如图 2.12 所示的振动系统中，已知：质量块的质量为 m，弹簧单位长度的质量为 ρ，弹簧长度为 L。求该振动系统的等效质量。

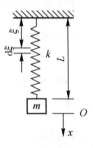

图 2.12 考虑弹簧质量的振动系统

解：在离固定端 ξ 处的微元 $d\xi$ 的质量为 $\rho d\xi$，$d\xi$ 的位移为 $\left(\frac{\xi}{L}\right)x$，$d\xi$ 的速度为 $\left(\frac{\xi}{L}\right)\dot{x}$，

$\mathrm{d}\xi$ 的动能为 $\frac{1}{2}\left(\frac{\xi}{L}\dot{x}\right)^2 \rho \mathrm{d}\xi$。

则弹簧的振动动能

$$T_s = \int_0^L \frac{1}{2}\left(\frac{\xi}{L}\dot{x}\right)^2 \rho \mathrm{d}\xi = \frac{1}{2} \times \left(\frac{\rho L}{3}\right)\dot{x}^2$$

质量块的动能

$$T_m = \frac{1}{2}m\dot{x}^2$$

系统的总动能

$$T_a = T_s + T_m = \frac{1}{2} \times \left(\frac{\rho L}{3}\right)\dot{x}^2 + \frac{1}{2}m\dot{x}^2$$

等效系统的动能

$$T_e = \frac{1}{2}m_e\dot{x}^2$$

因为 $T_a = T_e$，所以

$$m_e = \frac{\rho L}{3} + m$$

例题 2.7 在如图 2.13 所示的振动系统中，已知：质量块的质量为 m，摩擦因数为 μ。求该振动系统的黏性阻尼系数。

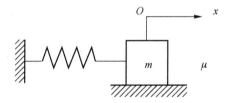

图 2.13 考虑摩擦力的振动系统

解： 质量块在水平方向上沿平衡位置做往复运动，设振动的幅值为 X，则质量块运动过程中受到的摩擦力

$$F = \mu m g$$

质量块在一个周期内，要经历 4 个最大行程 X，故质量块的摩擦力在一个周期内所做的功

$$\omega_d = 4FX = 4\mu m g X$$

根据式（2-16），可得

$$c_e = \frac{w_d}{\pi \omega X^2} = \frac{4\mu m g X}{\pi \omega X^2} = \frac{4\mu m g}{\pi \omega X}$$

2.3 单自由度系统有阻尼自由振动

振动系统的无阻尼振动是对实际问题的理论抽象，若现实世界中没有阻止运动的力，则整个世界将处于无休止的振动中。在工程实际中，振动和阻尼总是同时存在，确保我们能够在一个相对安静的环境下生活、工作。

2.3.1 阻尼的概念

阻尼是用来度量系统自身消耗振动能量的能力的物理量。工程结构在振动时，有一部分振动能量会转化成诸如声能、热能或其他结构的机械能而消耗掉。产生阻尼的原因多种多样，有些阻尼的机理至今尚不清楚。实际振动中往往是多种不同类型的阻尼同时起作用，分析起来难度很大。由于线性系统本身就是对实际问题的近似，因此在本章中对阻尼往往也做线性化处理。

系统的机械能不可能守恒，总存在着各种各样的阻力。振动中将阻力统称为阻尼，如摩擦阻尼、电磁阻尼、介质阻尼和结构阻尼等。在理论分析中最常用的阻尼是气体和液体的黏性阻尼，如汽车上常用的液压筒式减振器，其内部的工作缸被活塞分成上、下两腔，并充满液体；当活塞与工作缸有相对运动时，强迫液体经过活塞上的阀在上、下两腔流动，液体经过阀时产生阻力，使运动能量变为热能耗散掉。在本书中，如无特殊说明，所提到的阻尼力学模型均指黏性阻尼力学模型。**所谓的黏性阻尼是指在流体中低速运动或沿润滑表面滑动的物体所受到的阻尼。**黏性阻尼的特征是其大小与物体运动的相对速度成正比。

在工程实际中，阻尼的作用主要表现在以下几个方面。

(1) 阻尼有助于减小机械结构的共振振幅，从而避免结构因动应力达到极限造成结构破坏。

(2) 阻尼有助于机械系统受到瞬时冲击后，很快恢复到稳定状态。

(3) 阻尼有助于减少因机械振动产生的声辐射，降低机械性噪声。许多机械构件，如交通运输工具的壳体、锯片的噪声，主要是由振动引起的，采用阻尼能有效地抑制共振，从而降低噪声。

(4) 阻尼可以提高各类机床、仪器等的加工精度、测量精度和工作精度。各类机器尤其是精密机床，在动态环境下工作需要有较高的抗震性和动态稳定性，而通过各种阻尼处理可以大大地提高其动态性能。

（5）阻尼有助于降低结构传递振动的能力。在机械系统的隔振结构设计中，合理地运用阻尼技术，可使隔振、减振的效果显著提高。

减振阻尼材料主要包括黏弹性阻尼材料、阻尼金属等。常用的黏弹性材料是高分子聚合物，如氯丁橡胶、有机硅橡胶、聚氯乙烯、环氧树脂类胶及泡沫塑料构成的复合阻尼材料。金属薄板上如果涂敷上黏弹性材料可以减弱金属弯曲振动的强度。当金属发生弯曲振动时，其振动能量迅速传递给紧密贴在薄板上的阻尼材料，引起阻尼材料内部的摩擦和相互错动。由于阻尼材料的内耗损、内摩擦大，相当部分的金属薄板振动能量变成热能散掉，减弱了板的弯曲振动，缩短了薄板被激振后的振动时间，从而降低金属板辐射噪声的能量，达到降噪目的。阻尼金属又称为减振合金，可作为结构材料直接代替机械中振动和发声强烈的部件，也可制成阻尼层粘贴在振动部件上，两种方法均可取得减振降噪效果。

2.3.2 单自由度系统有阻尼自由振动微分方程

单自由度系统有阻尼自由振动的力学模型如图 2.14 所示，该系统中增加了一个阻尼器 c。

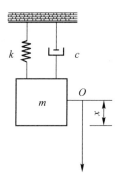

图 2.14 单自由度系统有阻尼自由振动的力学模型

对质量块进行受力分析，如图 2.15 所示。

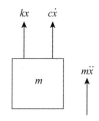

图 2.15 质量块受力分析

由图 2.15 及力平衡原理可知，质量块的运动微分方程可以表示为

$$m\ddot{x} + c\dot{x} + kx = 0 \tag{2-17}$$

由式（2-17），可得

$$\ddot{x} + \frac{c}{m}\dot{x} + \frac{k}{m}x = 0$$

令：$\omega_0 = \sqrt{\frac{k}{m}}$，称为系统的固有角频率；$\xi = \frac{c}{2\sqrt{km}}$，称为系统的相对阻尼系数，则有

$$\ddot{x} + 2\xi\omega_0\dot{x} + \omega_0^2 x = 0 \tag{2-18}$$

对于式（2-18），令 $x = e^{\lambda t}$，则有

$$\dot{x} = \lambda e^{\lambda t}, \quad \ddot{x} = \lambda^2 e^{\lambda t}$$

代入式（2-18），可得

$$(\lambda^2 + 2\xi\omega_0\lambda + \omega_0^2)e^{\lambda t} = 0$$

该方程的特征方程为

$$\lambda^2 + 2\xi\omega_0\lambda + \omega_0^2 = 0$$

其特征根可以表示为

$$\lambda = -\xi\omega_0 \pm \omega_0\sqrt{\xi^2 - 1} \tag{2-19}$$

(1) 当振动系统的阻尼为小阻尼状态（$\xi < 1$）时，有

$$\lambda = -\xi\omega_0 \pm \omega_0\sqrt{\xi^2 - 1}$$

令 $\omega_d = \omega_0\sqrt{1 - \xi^2}$ 为振动系统的阻尼固有频率，则方程（2-18）的特征根可以表示为

$$\lambda = -\xi\omega_0 \pm i\omega_d$$

设单自由度系统有阻尼自由振动的初始条件为 $x(0) = x_0$，$\dot{x}(0) = \dot{x}_0$，则由 $\lambda = -\xi\omega_0 \pm i\omega_d$，可得

$$x = e^{-\xi\omega_0 t}(c_1\cos\omega_d t + c_2\sin\omega_d t)$$

$$\dot{x}(t) = (-\xi\omega_0)e^{-\xi\omega_0 t}(c_1\cos\omega_d t + c_2\sin\omega_d t) + e^{-\xi\omega_0 t}(-c_1\omega_d\sin\omega_d t + c_2\omega_d\cos\omega_d t)$$

由 $x(0) = x_0$，$\dot{x}(0) = \dot{x}_0$ 可得

$$x_0 = c_1, \quad \dot{x}_0 = (-\xi\omega_0)c_1 + c_2\omega_d$$

所以

$$c_1 = x_0, \quad c_2 = \frac{\dot{x}_0 + \xi\omega_0 x_0}{\omega_d}$$

即

$$x = e^{-\xi\omega_0 t}\left(x_0\cos\omega_d t + \frac{\dot{x}_0 + \xi\omega_0 x_0}{\omega_d}\sin\omega_d t\right) = e^{-\xi\omega_0 t}A\sin(\omega_d t + \varphi) \tag{2-20}$$

式中：

$$A = \sqrt{x_0^2 + \left(\frac{\dot{x}_0 + \xi\omega_0 x_0}{\omega_d}\right)^2}$$

$$\varphi = \arctan\left(\frac{\omega_d x_0}{\dot{x}_0 + \xi\omega_0 x_0}\right)$$

欠阻尼振动的振动响应情况如图 2.16 所示。由图 2.16 可知，欠阻尼振动是一种振幅逐渐衰减的振动。不同阻尼系数下，单自由度系统有阻尼自由振动的振动响应变化情况如图 2.17 所示。

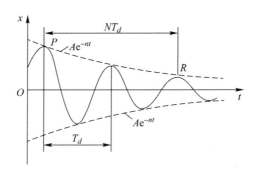

图 2.16　欠阻尼振动的振动响应

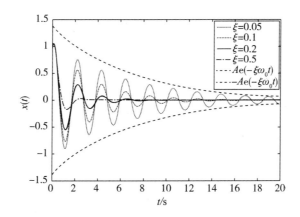

图 2.17　不同阻尼系数的振动响应变化情况

由图 2.17 可知，振动系统的阻尼系数不同，振动衰减的快慢也不同。阻尼系数大，则振动衰减快；阻尼系数小，则振动衰减慢。称相邻两个振幅 A_i、A_{i+1} 的比值为减振系数 η，可以表示为

$$\eta = \frac{A_i}{A_{i+1}} = \frac{A\mathrm{e}^{-\xi\omega_0 t_i}}{A\mathrm{e}^{-\xi\omega_0(t_i+T_d)}} = \mathrm{e}^{\xi\omega_0 T_d} = \mathrm{e}^{nT_d} \qquad (2-21)$$

式中：T_d 为有阻尼振动系统的振动周期；$n = \xi\omega_0$ 为有阻尼振动系统的衰减系数。

由式（2-21）可知，减振系数是评价阻尼对振幅衰减快慢的影响的物理量，与时间 t 无关，任意两个相邻振幅之比均为 η。令对数衰减率

$$\delta = \ln\eta = \ln\frac{A_i}{A_{i+1}} = \xi\omega_0 T_d = nT_d \qquad (2-22)$$

由式（2-22）可知，任意两个相邻的振幅之比为常数，即

$$\frac{A_1}{A_2} = \frac{A_2}{A_3} = \frac{A_3}{A_4} = \cdots = \frac{A_j}{A_{j+1}} = \eta = e^{\delta}$$

故

$$\frac{A_1}{A_{j+1}} = \frac{A_1}{A_2}\frac{A_2}{A_3}\frac{A_3}{A_4}\cdots\frac{A_j}{A_{j+1}} = \eta^j = e^{j\delta}$$

所以对数衰减率也可以表示为

$$\delta = \frac{1}{j}\ln\frac{A_1}{A_{j+1}} = \xi\omega_0 T_d$$

由单自由度系统有阻尼自由振动的阻尼固有频率的计算公式

$$\omega_d = \omega_0\sqrt{1-\xi^2}$$

可得

$$T_d = \frac{2\pi}{\omega_0\sqrt{1-\xi^2}}$$

所以

$$\delta = \xi\omega_0 T_d = \xi\omega_0\frac{2\pi}{\omega_0\sqrt{1-\xi^2}} = \frac{2\pi\xi}{\sqrt{1-\xi^2}}$$

即

$$\delta = \xi\omega_0 T_d = \xi\omega_0\frac{2\pi}{\omega_0\sqrt{1-\xi^2}} = \frac{2\pi\xi}{\sqrt{1-\xi^2}}$$

$$\xi = \frac{\delta}{\sqrt{4\pi^2+\delta^2}} \tag{2-23}$$

（2）当振动系统的阻尼较大（$\xi > 1$），即振动系统处于过阻尼状态时，有

$$\lambda = -\xi\omega_0 \pm \omega_0\sqrt{\xi^2-1}$$

此时，式（2-18）的特征方程有两个互不相等的特征根，振动方程的解可以表示为

$$x = e^{-\xi\omega_0 t}(c_1 e^{\omega_0\sqrt{\xi^2-1}t} + c_2 e^{-\omega_0\sqrt{\xi^2-1}t})$$

式中：c_1、c_2 为常数，其值由初始条件确定。

设振动系统的初始条件为

$$x(0) = x_0, \quad \dot{x}(0) = \dot{x}_0$$

则振动方程的解可以表示为

$$x = e^{-\xi\omega_0 t}\left(\frac{\dot{x}_0 + \omega_0(\sqrt{\xi^2-1}+\xi)x_0}{2\omega_0\sqrt{\xi^2-1}}e^{\omega_0\sqrt{\xi^2-1}t} + \frac{-\dot{x}_0 + \omega_0(\sqrt{\xi^2-1}-\xi)x_0}{2\omega_0\sqrt{\xi^2-1}}e^{-\omega_0\sqrt{\xi^2-1}t}\right)$$

$$\tag{2-24}$$

过阻尼振动的响应变化规律如图 2.18 所示，振动响应随阻尼系数变化的规律如图 2.19 所示。

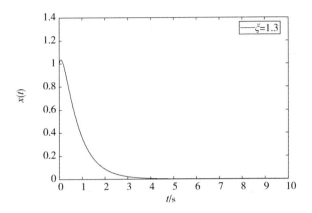

图 2.18 过阻尼振动的响应变化规律

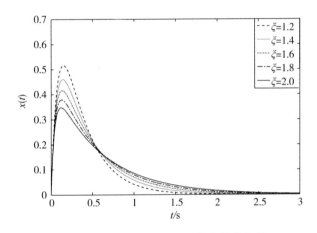

图 2.19 振动响应随阻尼系数变化的规律

由图 2.18 和图 2.19 可知，过阻尼振动的振动响应是按指数规律衰减的非周期蠕动，没有振动发生。

(3) 当 $\xi = 1$ 时，振动系统处于临界阻尼状态，设振动系统的初始条件为
$$x(0) = x_0, \quad \dot{x}(0) = \dot{x}_0$$
$$\lambda = -\xi\omega_0$$
则
$$x = e^{-\omega_0 t}[x_0 + (\dot{x}_0 + \omega_0 x_0)t] \tag{2-25}$$

临界阻尼与过阻尼振动响应变化的规律如图 2.20 所示。

由图 2.20 可知，临界阻尼振动仍然是按指数规律衰减的非周期运动，但比过阻尼振动衰减快些。

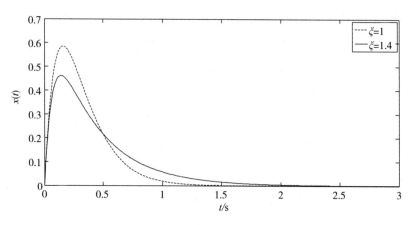

图 2.20 临界阻尼与过阻尼振动响应变化的规律

由相对阻尼系数的公式 $\xi = \dfrac{c}{2\sqrt{km}}$ 可得,临界阻尼振动($\xi = 1$)时,临界阻尼系数可以表示为

$$c_{cr} = 2\sqrt{km} \tag{2-26}$$

$\xi < 1$、$\xi > 1$、$\xi = 1$ 阻尼状态下单自由度自由振动响应的变化规律如图 2.21 所示。

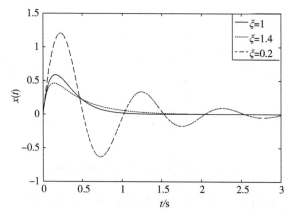

图 2.21 3 种阻尼状态下单自由度自由振动响应变化规律

由图 2.21 可得出如下结论:
(1) 欠阻尼是一种振幅逐渐衰减的振动;
(2) 过阻尼是一种按指数规律衰减的非周期蠕动,没有振动;
(3) 临界阻尼也是只衰减不振动,衰减稍快。

例题 2.8 质量 $m = 2\,500 \text{ kg}$ 的汽车用四个悬挂弹簧支撑在 4 个车轮上,4 个弹簧的静压缩量均为 $\lambda_{st} = 15.31 \text{ cm}$。为了能迅速地减少汽车上下振动,在 4 个支承处均安装了减振器。由实验测得两次振动后振幅减少到 25%,即 $\dfrac{A_1}{A_3} = 4$。试求:

(1) 振动的减幅系数 η 和对数衰减率 δ;
(2) 衰减系数 n 和衰减振动的周期 T_d;

(3) 若要汽车不振动，减振器的临界阻尼系数 c_{cr}。

解：若仅考虑汽车的上下振动，则可以把4个悬挂弹簧看作一个当量弹簧，则汽车的当量弹簧相当于4个悬挂弹簧并联，由并联弹簧的性质可知，其当量弹簧的等效刚度

$$K_e = 4k_x = \frac{mg}{\lambda_{st}} = \frac{2\,500 \times 9.8}{0.153\,1} = 160\,000 \text{ N/m}$$

将该汽车模型看成单自由度振动系统，其固有圆频率

$$\omega_0 = \sqrt{\frac{K_e}{m}} = \sqrt{\frac{160\,000}{2\,500}} = 8 \text{ rad/s}$$

(1) 由单自由度系统有阻尼自由振动的理论可知，其减幅系数

$$\eta = \frac{A_i}{A_{i+1}} = \frac{A\mathrm{e}^{-\xi\omega_0 t_i}}{A\mathrm{e}^{-\xi\omega_0(t_i+T_d)}} = \mathrm{e}^{\xi\omega_0 T_d} = \mathrm{e}^{nT_d}$$

故

$$\frac{A_1}{A_3} = \frac{A_1}{A_2}\frac{A_2}{A_3} = \eta^2 = 4$$

可得

$$\eta = 2$$

其对数衰减率

$$\delta = \ln\frac{A_i}{A_{i+1}} = \xi\omega_0 T_d = nT_d$$

可得

$$\delta = \ln 2 = 0.693\,1$$

(2) 由式（2-23）可知

$$\xi = \frac{\delta}{\sqrt{4\pi^2 + \delta^2}} = \frac{0.693\,1}{\sqrt{4 \times 3.14^2 + 0.693\,1^2}} = 0.109\,6$$

故其衰减系数

$$n = \xi\omega_0 = 0.109\,6 \times 8 = 0.876\,8$$

衰减振动的周期

$$T_d = \frac{2\pi}{\sqrt{1-\xi^2}\,\omega_0} = \frac{2 \times 3.14}{\sqrt{1 - 0.109\,6^2} \times 8} = 0.790\,2$$

(3) 由式（2-26）可知，临界阻尼

$$c_{cr} = 2\sqrt{K_e m} = 2\sqrt{160\,000 \times 2\,500} = 40\,000 \text{ N·s/m}$$

2.3.3 单自由度系统有阻尼自由振动工程应用案例

1. 欠阻尼振动（$\xi < 1$）——汽车减振器

减振器是汽车悬架内部的减振元件，其作用主要为加速车架与车身振动的衰减，改善汽车的行驶平顺性和乘坐舒适性。当车架与车桥作往复相对运动时，减振器中的活塞在缸筒内也作往复运动。减振器壳体内的油液反复地从一个内腔通过一些窄小的孔隙流入到另

一内腔，孔壁与油液间的摩擦及液体分子内摩擦形成对振动的阻尼，使车身和车架的振动能量转化为热能，而被油液和减振器壳体所吸收，然后散到大气中。减振器阻尼的大小随车架与车桥（或车轮）的相对速度的增减而增减，并且与油液黏度有关。在设计减振器时，要求减振器油液的黏度受温度变化的影响尽可能小，且必须具有抗汽化、抗氧化以及对各种金属和非金属零件不起腐蚀作用等性能。**汽车减振器阻尼值必须合适，太小则不能衰减共振振幅，太大则会导致悬架被"锁死"，路面振动可能直接传递给车身，大大影响乘坐舒适性。**

2. 过阻尼振动（$\xi > 1$）——伊辛巴耶娃的跳杆

撑竿跳高是一种田径运动项目，运动员借助竿子的支撑和弹力，以悬垂、摆体和举腿、引体等竿上动作使身体越过一定高度。撑竿最早使用木杆，最好成绩为 3.30 m；1905 年开始使用重量较轻、有一定弹性的竹竿，最好成绩达到 4.77 m；1930 年出现较为坚固的金属竿，运动员无撑竿折断之虑，可以提高握竿点，加快助跑速度，最好成绩达到 4.80 m；1948 年美国设计制造出重量更轻、弹性更强的玻璃纤维竿，使用该竿已突破了 6 m 的高度。撑竿跳高的横杆可用玻璃纤维、金属或其他适宜材料制成，长 4.48 ~ 4.52 m，最大质量 2.25 kg。**撑杆跳高杆子的要求：等强度、不发生塑性变形、质量小且过阻尼不发生振动。**

3. 临界阻尼振动（$\xi = 1$）——灵敏电流计

灵敏电流计是供学生实验或检查直流电路中微弱电流或微小电压用的一种高灵敏度的磁电式仪表，可以测量 10^{-12} ~ 10^{-7} A 的微小电流，可用作电桥、温差电偶、电磁感应及光电效应等参数的测量。当线圈中通有电流时，由于气隙磁场的作用而产生的电磁力矩推动线圈偏转，线圈在偏转过程中，支承它的张丝发生扭曲变形，同时产生与电磁力矩方向相反的弹性回复力矩，该力矩与线圈偏转角成正比，当这两个力矩大小相等时，线圈不再偏转而处于平衡位置。**灵敏电流计利用临界阻尼电阻振动快速衰减的特性，在线圈偏离平衡位置后能很快回到平衡位置而不发生振动，最有利于观察和读数。**

2.4 单自由度系统的强迫振动

由于阻尼会使自由振动逐渐衰减，最后完全停止，因此实际工程中一些能持续下去的振动必定存在外加激励。例如，车辆在路面上行驶时，由于路面不平度产生的冲击激励持续作用于汽车，使汽车的振动不会消失。存在持续激励时振动系统的振动称为强迫振动。激励主要来自两方面：

(1) 直接的力激励（如汽车发动机振动对车身的振动激励）；

(2) 支座位移激励（如路面不平度对汽车悬架的振动激励）。

简谐强迫振动在工程结构的强迫振动中较为普遍。所谓的简谐强迫振动是指激励是时间的简谐函数,通常是由旋转机械失衡造成的。简谐强迫振动的理论是分析周期激励以及非周期激励下系统响应的基础。通过分析系统所受的简谐激励与系统响应的关系,可以测定系统的振动参数,从而确定系统的振动特性。利用可以产生简谐激励的激振器激励被测结构以分析其振动特性的方法,称为正弦激励方法,是测试系统振动特性最常用的方法之一。

2.4.1 单自由度系统强迫振动的振动微分方程

单自由度系统强迫振动的力学模型如图2.22所示。

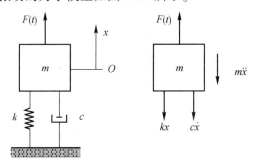

图2.22 单自由度系统强迫振动的力学模型

为了研究问题的方便,先研究简谐力激励的强迫振动,假设

$$F(t) = F_0 \sin \omega t$$

式中:F_0 为激振力幅值;ω 为激振力频率。

则单自由度系统强迫振动的振动微分方程可以表示为

$$m\ddot{x} + c\dot{x} + kx = F_0 \sin \omega t \tag{2-27}$$

令 $\omega_0^2 = \dfrac{k}{m}$,$2\xi\omega_0 = \dfrac{c}{m}$,则式(2-27)可以表述为

$$\ddot{x} + 2\xi\omega_0 \dot{x} + \omega_0^2 x = \frac{F_0}{m}\sin \omega t \tag{2-28}$$

方程(2-28)为一元二阶非齐次线性方程,其解的标准形式为

$$x(t) = x_1(t) + x_2(t)$$

式中:$x_1(t)$ 为方程(2-28)的通解,由单自由度系统有阻尼自由振动的知识可知,其表达式为

$$x_1(t) = e^{-\xi\omega_0 t}(c_1 \cos \omega_d t + c_2 \sin \omega_d t) \tag{2-29}$$

为得出方程(2-28)的特解,令

$$x_2 = X\sin(\omega t - \varphi)$$

式中:X 为振动响应的幅值;ω 为激振力圆频率;φ 为响应滞后于激励的圆频率。

则有

$$\dot{x}_2 = \omega X \cos(\omega t - \varphi)$$

$$\ddot{x}_2 = -\omega^2 X \sin(\omega t - \varphi)$$

将 x_2、$\dot{x}_2$、$\ddot{x}_2$ 代入方程（2-28），可得

$$X((\omega_0^2 - \omega^2)\sin(\omega t - \varphi) + 2\xi\omega_0\omega\cos(\omega t - \varphi)) = \frac{F_0}{m}\sin(\omega t - \varphi + \varphi)$$

$$= \frac{F_0}{m}\sin(\omega t - \varphi)\cos\varphi + \frac{F_0}{m}\sin\varphi\cos(\omega t - \varphi)$$

由于上式对任何瞬时都成立，故 $\sin(\omega t - \varphi)$ 和 $\cos(\omega t - \varphi)$ 前的系数应该相等，即满足

$$X(\omega_0^2 - \omega^2) = \frac{F_0}{m}\cos\varphi$$

$$X 2\xi\omega_0\omega = \frac{F_0}{m}\sin\varphi$$

联立求解上述两个方程，可得

$$X = \frac{F_0}{m\omega_0^2}\frac{1}{\sqrt{(1-\lambda^2)^2 + (2\xi\lambda)^2}} = \frac{F_0}{k}\frac{1}{\sqrt{(1-\lambda^2)^2 + (2\xi\lambda)^2}}$$

$$= \frac{X_0}{\sqrt{(1-\lambda^2)^2 + (2\xi\lambda)^2}}$$

$$\varphi = \arctan\frac{2\xi\lambda}{1-\lambda^2}$$

式中：$\omega_0^2 = \frac{k}{m}$ 为系统的固有圆频率；$\lambda = \frac{\omega}{\omega_0}$ 为激振频率与系统固有频率的频率比。

则

$$x_2(t) = X\sin(\omega t - \varphi) \tag{2-30}$$

式中：

$$\left.\begin{array}{c} X = \dfrac{X_0}{\sqrt{(1-\lambda^2)^2 + (2\xi\lambda)^2}} \\ \varphi = \arctan\dfrac{2\xi\lambda}{1-\lambda^2} \end{array}\right\} \tag{2-31}$$

由式（2-30）、式（2-31）可知：

（1）在简谐激振力作用下，强迫振动也为简谐振动；

（2）系统对简谐激励的稳态响应的振动频率为激振频率，而相位滞后 $-\varphi$，这主要是由于振动系统中的阻尼造成的；

（3）稳态响应的振幅及相位差只取决于系统本身的物理参数（质量、刚度、阻尼）和激振力的频率及幅值，而与系统进入运动的方式（初始条件）无关。

由式（2-31）可知，单自由度系统强迫振动稳态响应的动态响应振幅可以表示为

$$X = \frac{X_0}{\sqrt{(1-\lambda^2)^2 + (2\xi\lambda)^2}}$$

令 $X_0 = \dfrac{F_0}{K}$ 为强迫振动的静位移,则**单自由度系统强迫振动的幅值放大因子和相位差**可以表示为

$$\left.\begin{array}{l} \beta(\lambda) = \dfrac{X}{X_0} = \dfrac{1}{\sqrt{(1-\lambda^2)^2 + (2\xi\lambda)^2}} \\ \varphi(\lambda) = \arctan\dfrac{2\xi\lambda}{1-\lambda^2} \end{array}\right\} \quad (2\text{-}32)$$

以频率比 λ 为横坐标,强迫振动的振动幅值 $\beta(\lambda)$ 随频率比 λ 变化的曲线,称为强迫振动的幅频特性曲线,如图 2.23 所示。

$$\beta(\lambda) = \dfrac{1}{\sqrt{(1-\lambda^2)^2 + (2\xi\lambda)^2}}$$

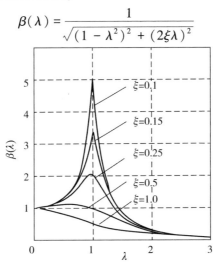

图 2.23 单自由度系统强迫振动的幅频特性曲线

以频率比 λ 为横坐标,强迫振动的相位角 $\varphi(\lambda)$ 随频率比 λ 变化的曲线称为强迫振动的相频特性曲线,如图 2.24 所示。

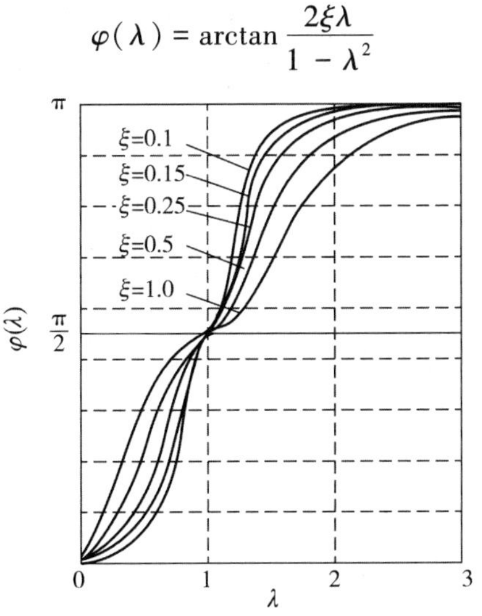

$$\varphi(\lambda) = \arctan\dfrac{2\xi\lambda}{1-\lambda^2}$$

图 2.24 单自由度系统强迫振动的相频特性曲线

由单自由度系统强迫振动的幅频特性曲线、相频特性曲线可知以下几点。

(1) 当 $\lambda \ll 1$ 时，激振频率 ω 远小于系统的固有频率 ω_0，无论阻尼大小如何，幅值放大因子 $\beta \approx 1$，即振幅近似等于激振力 F_0 作用下的静变形 X_0。故在低频区域内，振幅 B 主要由弹簧刚度控制。此时，相位差 $\varphi \approx 0$，即位移与激振力接近于同相位。

(2) 当 $\lambda \gg 1$ 时，激振频率 ω 远大于系统的固有频率 ω_0，幅值放大因子 $\beta \to 0$，这是因为激振力方向改变太快，振动物体由于惯性来不及跟随，几乎停止不动。故在高频区域内，振幅 B 主要取决于系统的惯性。这一特性正是隔振和惯性传感器的理论依据。此时，相位差 $\varphi \approx \pi$，即在高频范围内位移与激振力的相位差接近于 π。

(3) 当 $\lambda \approx 1$ 时，激振频率 ω 近似等于系统的固有频率 ω_0，振幅 X 急剧增加，幅值放大因子 $\beta \to \beta_{\max}$，发生了共振现象。由

$$\beta(\lambda) = \frac{1}{\sqrt{(1-\lambda^2)^2 + (2\xi\lambda)^2}}$$

可知

$$\left. \begin{array}{l} \lambda = \sqrt{1 - 2\xi^2} \Rightarrow \beta_{\max} \\ \xi^2 \ll 1 \end{array} \right\} \tag{2-33}$$

即

$$\left. \begin{array}{l} \omega \approx \omega_0 \\ \varphi = \dfrac{\pi}{2} \end{array} \right\} \tag{2-34}$$

由图 2.23 可知，共振对于来自阻尼的影响很敏感。

(1) 当共振相对阻尼比增加时，单自由度系统强迫振动的振幅值下降。

(2) 当共振相对阻尼比降低时，单自由度系统强迫振动的振幅值增大。

(3) 当共振相对阻尼比趋于零时，单自由度系统强迫振动的振幅值趋于无穷大。

在工程上，称

$$Q = \beta(\lambda = 1) = \frac{1}{2\xi} \tag{2-35}$$

为强迫振动的品质因子。在共振峰的两侧取与 $\beta(\lambda) = \dfrac{Q}{\sqrt{2}}$ 对应的两点 ω_1、ω_2，使

$$Q = \frac{\omega_0}{\Delta\omega} \tag{2-36}$$

式中：

$$\Delta\omega = \omega_2 - \omega_1 \tag{2-37}$$

为强迫振动的带宽。

2.4.2 单自由度系统强迫振动的响应规律

在系统受到激励开始振动的初始阶段,其自由振动伴随受迫振动同时发生。系统的响应是暂态响应与稳态响应的叠加。由单自由度系统强迫振动的振动微分方程

$$m\ddot{x} + c\dot{x} + kx = F_0\sin\omega t$$

可知,单自由度系统强迫振动的响应包括暂态响应和稳态响应两部分,其中暂态响应是由单自由系统强迫振动对应的齐次线性微分方程的解求得的,由于阻尼的存在,该振动逐渐衰减;而稳态响应对应单自由系统强迫振动的非齐次线性微分方程的特解,为持续的等幅振动。

1) 无阻尼情况

当 $c = 0$ 时,单自由系统强迫振动的振动微分方程可以表示为

$$m\ddot{x} + kx = F_0\sin\omega t$$

此时,单自由度振动系统的微分方程可以表示为方程

$$\begin{cases} m\ddot{x} + kx = 0 \\ x(0) = 0, \ \dot{x}(0) = 0 \end{cases}$$

的解

$$x_1(t) = x_0\cos\omega_0 t + \frac{\dot{x}_0}{\omega_0}\sin\omega_0 t$$

与方程

$$\begin{cases} m\ddot{x} + kx = p_0\sin\omega t \\ x(0) = 0, \ \dot{x}(0) = 0 \end{cases}$$

的解

$$x_2(t) = -\frac{p_0}{k}\frac{\lambda}{1-\lambda^2}\sin\omega_0 t + \frac{p_0}{k}\frac{1}{1-\lambda^2}\sin\omega t$$

的线性叠加。

根据线性叠加原理

$$\begin{aligned}x(t) &= x_1(t) + x_2(t)\\ &= x_0\cos\omega_0 t + \frac{\dot{x}_0}{\omega_0}\sin\omega_0 t - \frac{p_0}{k}\frac{\lambda}{1-\lambda^2}\sin\omega_0 t + \frac{p_0}{k}\frac{1}{1-\lambda^2}\sin\omega t\end{aligned} \quad (2-38)$$

式中: $x_0\cos\omega_0 t + \frac{\dot{x}_0}{\omega_0}\sin\omega_0 t$ 是初始条件的响应; $-\frac{p_0}{k}\frac{\lambda}{1-\lambda^2}\sin\omega_0 t$ 是自由伴随振动,其特点是以系统的固有频率为响应频率; $\frac{p_0}{k}\frac{1}{1-\lambda^2}\sin\omega t$ 为强迫振动的响应。

零初始条件下，有

$$x(t) = x_1(t) + x_2(t) = -\frac{p_0}{k}\frac{\lambda}{1-\lambda^2}\sin\omega_0 t + \frac{p_0}{k}\frac{1}{1-\lambda^2}\sin\omega t$$

式中：$-\frac{p_0}{k}\frac{\lambda}{1-\lambda^2}\sin\omega_0 t$ 为自由伴随振动；$\frac{p_0}{k}\frac{1}{1-\lambda^2}\sin\omega t$ 为强迫振动。

其振动响应曲线如图 2.25 所示。

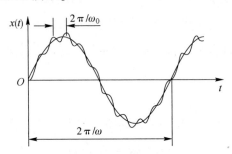

图 2.25　单自由度系统无阻尼强迫振动的振动响应曲线

由图 2.25 可知，在稳态受迫振动进行一个循环的时间内，自由伴随振动完成了多个循环。受迫振动响应成为稳态响应曲线上叠加的一个振荡运动。即使在零初始条件下，也有自由振动与受迫振动相伴发生。

2）有阻尼情况

由于实际中总是存在着阻尼的影响，因此暂态运动会逐渐衰减，进而消失，最终系统为稳态响应。

对于有阻尼强迫振动，有

$$\begin{cases} m\ddot{x} + c\dot{x} + kx = p_0\sin\omega t \\ x(0) = 0, \dot{x}(0) = 0 \end{cases}$$

$$\begin{aligned} x(t) = {}& \mathrm{e}^{-\xi\omega_0 t}\left(x_0\cos\omega_d t + \frac{\dot{x}_0 + \xi\omega_0 x_0}{\omega_d}\sin\omega_d t\right) + \\ & B\mathrm{e}^{-\omega_0\xi t}\left[\sin\varphi\cos\omega_d t + \frac{\omega_0}{\omega_d}(\xi\sin\varphi - \lambda\cos\varphi)\sin\omega_d t\right] + \\ & B\sin(\omega t - \varphi) \end{aligned} \tag{2-39}$$

式中：$\mathrm{e}^{-\xi\omega_0 t}\left(x_0\cos\omega_d t + \frac{\dot{x}_0 + \xi\omega_0 x_0}{\omega_d}\sin\omega_d t\right)$ 是初始条件的响应；$B\mathrm{e}^{-\omega_0\xi t}\left[\sin\varphi\cos\omega_d t + \frac{\omega_0}{\omega_d}(\xi\sin\varphi - \lambda\cos\varphi)\sin\omega_d t\right]$ 为自由伴随振动；$B\sin(\omega t - \varphi)$ 为稳态响应。

其响应曲线如图 2.26 所示。

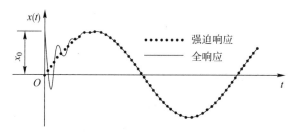

图 2.26　单自由度系统有阻尼强迫振动的振动响应

由图 2.26 可知，经过充分长时间后，作为瞬态响应的前两种振动都将消失，只剩稳态强迫振动。

例题 2.9　在如图 2.27 所示的振动系统中，为确定其振动参数，采用正弦激励使系统处于稳态振动，保持激励幅值不变，在不同激励频率下测得稳态振动响应的最大值为 0.5 cm。已知在激励幅值下的静位移为 0.05 cm，求系统的品质因子 Q 和相对阻尼系数 ξ。

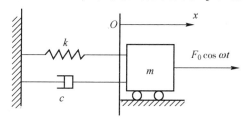

图 2.27　某单自由度强迫振动系统

解： 由式（2-35）可知，品质因子为 $\lambda = 1$ 时的幅值放大因子，即外部激励频率与系统固有频率相等时振动系统的幅值放大因子。此时，系统稳态振动的响应达到最大值，即

$$Q = \beta(\lambda = 1) = \frac{1}{2\xi} = \frac{0.5}{0.05} = 10$$

$$\xi = \frac{1}{20} = 0.05$$

2.5　任意激励下的强迫振动

工程实际中，强迫激励只有在特殊情况下才会是简谐激励，大多数情况是一种非简谐的、非周期的任意干扰，包括时间很短的冲击作用。在任意激励作用下，系统通常没有稳态振动而只有瞬态振动。

本节介绍周期激励下的强迫振动及几种常用的求解非周期激励下动态响应的方法，这些方法也可以用来求解多自由度系统在任意激励下的动态响应，在振动理论中占据着重要的地位。

2.5.1 周期强迫振动

非简谐的周期激励在工程实践中的结构振动中也大量存在。旋转机械失衡产生的激励多半是周期激励。一般来说，如果周期激励中的某一谐波的幅值比其他谐波的幅值大得多，就可作为简谐激励处理；反之，则应按周期激励求解。求解周期激励下振动系统的响应问题需要将激励展开为傅里叶级数，然后分别求出各个谐波所引起的响应，再利用叠加原理得到系统的响应。

设单自由度振动系统受到一个周期为 T 的激励 $F(t)$ 作用，令 $F(t)=kf(t)$，则系统的运动微分方程可以写成

$$\ddot{x} + 2\xi\omega_n \dot{x} + \omega_n^2 x = \omega_n^2 f(t)$$

把 $f(t)$ 展成傅里叶级数，即

$$f(t) = \sum_{p=0}^{\infty} \mathrm{Re}(A_p \mathrm{e}^{ip\omega t})$$

其中，第 p 项为

$$f_p(t) = \mathrm{Re}(A_p \mathrm{e}^{ip\omega t})$$

它所引起的响应为 $x_p(t)$，由方程

$$\ddot{x}_p + 2\xi\omega_n \dot{x}_p + \omega_n^2 x_p = \omega_n^2 \mathrm{Re}(A_p \mathrm{e}^{ip\omega t})$$

可以求得其响应为

$$x_p(t) = \mathrm{Re}[A_p |H(p\omega)| \mathrm{e}^{i(p\omega t - \varphi_p)}]$$

这里

$$H(p\omega) = \frac{1}{1-(p\omega/\omega_n)^2 + \mathrm{i}(2\xi p\omega/\omega_n)}$$

$$\varphi_p = \arctan \frac{2\xi p\omega/\omega_n}{1-(p\omega/\omega_n)^2}$$

根据叠加原理，单自由度系统有阻尼周期性强迫振动的解可以表示为

$$x(t) = \sum_{p=0}^{\infty} x_p(t)$$

$$= \sum_{p=0}^{\infty} \mathrm{Re}[A_p |H(p\omega)| \mathrm{e}^{i(p\omega t - \varphi_p)}]$$

此处的 $x(t)$ 为单自由度系统有阻尼周期强迫振动的一个特解，它表示了振动系统的稳态振动。在周期激励下，系统的响应是稳态响应与瞬态响应之和，由于存在阻尼，瞬态响应很快衰减到零，只剩下稳态响应。由上面的分析可知，**周期激励下振动系统的稳态响应也是周期函数，其振动周期仍为 T，并且激励的每个谐波只引起与自身频率相同的响应，这也是线性振动的特点。**

对简谐强迫振动，系统固有频率与外部激励频率相接近时发生共振。在周期激励时，只要系统固有频率与激励中某一谐波频率接近就会发生共振。因此，周期振动时要避开共振区就比简谐激励时困难，通常采用适当增加系统阻尼的方法来减振。

2.5.2 脉冲响应与卷积积分

在时域中，求解振动系统响应的方法除了直接求解微分方程外，还可以将问题转化成一个卷积积分。卷积积分把微分方程的特解用一个变上限积分表示。由于不同的激励使系统产生不同的响应，因而这个变上限积分中的被积函数与激励有关。另外，相同的激励作用在不同的系统上引起的响应也不一样，所以被积函数也与系统的性质有关。

在微分方程中，系统的性质可用微分算子的性质表示，在卷积积分中系统的性质要用系统的脉冲响应表示。为求系统的脉冲响应，首先引入脉冲力的概念。

1）脉冲力

由理论力学的知识可知，牛顿第二定律可以表述为

$$\mathrm{d}(mv) = F(t)\mathrm{d}t \tag{2-40}$$

式中：m 为物体的质量；v 为物体的速度，$F(t)$ 为物体所受外力的合力。

如果 $F(t)$ 的作用时间为 $(-\varepsilon, \varepsilon)$（$\varepsilon$ 为任一非负实数），即当 $t > \varepsilon$ 和 $t < -\varepsilon$ 时，$F(t) = 0$。此时，物体动量的改变量为

$$mv(\varepsilon) - mv(-\varepsilon) = \int_{-\varepsilon}^{\varepsilon} F(t)\mathrm{d}t$$

式（2-40）的物理意义在于：物体动量的改变量等于系统所受的冲量。这种描述方式称为状态描述，其特点是寻找 2 个时刻物体状态的改变与外界条件的关系，而不是描述物体状态的瞬时变化情况。

如果外力 $F(t)$ 的幅值很大，但作用时间很短，即 $\varepsilon \ll 1$，那么冲量

$$\hat{F} = \int_{-\varepsilon}^{\varepsilon} F(t)\mathrm{d}t$$

仍然为通常的数量级，这种力称为脉冲力，如图 2.28 所示。

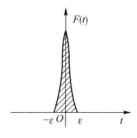

图 2.28 脉冲力

脉冲力在工程实践中的应用非常普遍。理论力学中的两小球碰撞就是脉冲力的典型例子。工程实践中属于脉冲力研究范畴的例子还有很多，如锤子快速敲击钢板，锤子对钢板的作用力很大，但作用时间很短，可以认为是脉冲力的例子；打夯机打夯时产生的冲击力也是脉冲力的典型应用。

对于脉冲力，一般我们并不关注其作用于物体的过程，而主要考虑其产生的后果，如引起物体动量的变化等。为了在理论分析中更好地体现脉冲力的性质，在数学上用 δ 函数（又称单位脉冲函数）来表示脉冲力，即

$$\begin{cases} \delta(t) = 0, \ t \neq 0 \\ \int_{-\infty}^{+\infty} \delta(t) \mathrm{d}t = 1 \end{cases}$$

δ 函数表示在 $t=0$ 时刻作用一个幅值为无穷大，但冲量为 1 的脉冲力，力学上称之为单位脉冲力，即把力的作用时间认为是 0，但冲量为 1。很显然，这只是数学的抽象，工程实践中这样的力是不存在的，但其反映了脉冲力的实质，可以用于简化问题，得到有效的结论。在数学上，δ 函数被视为一种广义函数，在理论分析和实际工程中有着广泛的应用。

同样，在 τ 时刻作用的单位脉冲力可表示为

$$\begin{cases} \delta(t-\tau) = 0, \ t \neq \tau \\ \int_{-\infty}^{+\infty} \delta(t-\tau) \mathrm{d}t = 1 \end{cases}$$

因此，在任意时刻 τ 作用的脉冲力可以表示为

$$F(t) = \hat{F}\delta(t-\tau) \tag{2-41}$$

此处的 $\hat{F}$ 为常数。

式 (4-41) 表明，在 τ 时刻作用一个幅值为无穷大，但作用时间为 0 的脉冲力，其冲量可以表示为

$$\int_{-\infty}^{\infty} \hat{F}\delta(t-\tau) \mathrm{d}t = \hat{F}$$

δ 函数有一个重要的性质：如果 $F(t)$ 是一个连续函数，则

$$\int_{-\infty}^{\infty} F(t)\delta(t-\tau) \mathrm{d}t = F(\tau)$$

2）系统的脉冲响应

设单自由度振动系统在 $t=0$ 以前静止，在 $t=0$ 时受到脉冲力 $\hat{F}\delta(t)$ 的激励，其运动微分方程可以表示为

$$\begin{cases} m\ddot{x} + c\dot{x} + kx = \hat{F}\delta(t) \\ x(0^-) = 0, \ \dot{x}(0^-) = 0 \end{cases}$$

式中：$x(0^-)=0$ 表示小于 0，但无限接近于 0 的时刻振动系统的位移为 0，$\dot{x}(0^-)=0$ 表示小于 0 但无限接近于 0 的时刻振动系统的速度为 0；同样地，$x(0^+)$ 表示大于 0 但无限接近于 0 的时刻振动系统的位移，$\dot{x}(0^+)$ 表示大于 0 但无限接近于 0 的时刻振动系统的速度。由于在 $t=0^-$ 到 $t=0^+$ 的时间间隔内，系统的弹性力、阻尼与脉冲力相比很小，它们产生的冲量远小于脉冲力的冲量，可以忽略不计。

根据动量定理，在 $t=0^-$ 到 $t=0^+$ 的时间间隔内系统动量的改变为

$$m\dot{x}(0^+) - m\dot{x}(0^-) = \hat{F}$$

即在脉冲力作用下，系统的速度由 $\dot{x}(0^-)=0$ 变为 $\dot{x}(0^+)=\hat{F}/m$，而系统的位移没有发生明显变化。当 $t>0$ 时，系统不受外力作用，是自由振动，因此系统受到脉冲力后的运动微分方程为

$$\begin{cases} m\ddot{x} + c\dot{x} + kx = 0 \\ x(0^+) = 0, \ \dot{x}(0^+) = \dfrac{\hat{F}}{m} \end{cases}$$

由单自由度系统有阻尼自由振动的知识可知，其解可以表示为

$$x(t) = \frac{\hat{F}}{m\omega_d} e^{-\xi\omega_n t} \sin \omega_d t \quad (t \geq 0)$$

$x(t)$ 为初始时刻静止的系统在 $t = 0$ 时刻受到脉冲力 $\hat{F}\delta(t)$ 作用后的响应。如果 $\hat{F} = 1$，即系统受到单位脉冲力的作用，此时的系统响应称为系统脉冲响应，可以表示为

$$h(t) = \frac{1}{m\omega_d} e^{-\xi\omega_n t} \sin \omega_d t \quad (t \geq 0)$$

显然，在 $t = \tau$ 之前，静止的系统在 $t = \tau$ 时受一个单位脉冲力激励后的响应为

$$h(t - \tau) = \frac{1}{m\omega_d} e^{-\xi\omega_n(t-\tau)} \sin \omega_d(t - \tau) \quad (t \geq \tau)$$

由上面的分析可知，系统的脉冲响应完全由系统本身的物理性质决定，与激励无关。即使系统受到脉冲力作用时初始条件不为0，但在 $t = 0^-$ 到 $t = 0^+$ 的时间间隔内，系统的弹性力、阻尼与脉冲力相比仍然很小，它们的冲量也可以忽略不计。受到脉冲力作用后，系统的速度有一个增量，而位移增量为0。脉冲力作用前系统的运动微分方程为

$$\begin{cases} m\ddot{x} + c\dot{x} + kx = \hat{F}\delta(t) \\ x(0^-) = x_0, \ \dot{x}(0^-) = \dot{x}_0 \end{cases}$$

脉冲力作用后系统的运动微分方程为

$$\begin{cases} m\ddot{x} + c\dot{x} + kx = \hat{F}\delta(t) \\ x(0^+) = x_0, \ \dot{x}(0^+) = \dot{x}_0 + \hat{F}/m \end{cases}$$

在振动试验中，有一种施加激励的方法叫作锤击法，即用一把带有力传感器的锤子敲击被测试的结构，力传感器测出敲击时的力信号，装在结构上的加速度传感器测出结构的加速度响应信号。通过处理测出的力信号和加速度信号，可以求出系统的振动参数，如振动系统的固有频率和阻尼比等。锤击法测试速度快，所需设备少，便于现场测试，在振动试验中被广泛采用。

3）卷积积分

在系统受任意持续的激励时，根据微积分中对被积函数的处理，可以把激励看作是一系列脉冲力的叠加，如图2.29所示。

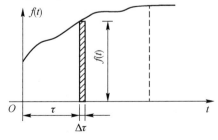

图2.29 对任意激励的脉冲力分解

设 $t=\tau$ 时附近的冲量 $\hat{F}=F(\tau)\mathrm{d}\tau$，它对 $t=\tau$ 时的系统响应无贡献，对 $t \geq \tau$ 以后的响应有贡献，其大小可以表示为

$$\mathrm{d}x = h(t-\tau)F(\tau)\mathrm{d}\tau$$

根据线性系统的叠加原理，对这些响应的值进行叠加，得到任意激励下振动系统的响应

$$x(t) = \int_0^t h(t-\tau)F(\tau)\mathrm{d}\tau \tag{2-42}$$

式（2-42）为单自由度系统在初始条件为 0 时受任意激励 $F(t)$ 作用时的响应，为卷积积分。如果系统初始条件不为 0，即

$$x(0)=x_0,\ \dot{x}(0)=\dot{x}_0$$

根据叠加原理，应计入初始条件引起的系统响应，此时，系统的总响应可以表示为

$$x(t) = \mathrm{e}^{-\xi\omega_n t}\left[x_0\cos\omega_d t + \frac{\dot{x}_0+\xi\omega_n x_0}{\omega_d}\sin\omega_d t\right] + \int_0^t h(t-\tau)F(\tau)\mathrm{d}\tau$$

卷积积分直接在时域积分求系统的响应，不必用傅里叶变换，得到的振动响应满足零初始条件，在工程实践中常用来求结构的动力学响应。

卷积积分是在时域中求解线性微分方程的一种方法，在数学上被视为 2 个函数 $F(t)$、$h(t)$ 之间的一种运算，$F(t)$ 与 $h(t)$ 的卷积积分可以表示为

$$\int_0^t F(\tau)h(t-\tau)\mathrm{d}\tau = F(t)*h(t)$$

如果 $F(t)$ 的定义域为 $(-\infty, \infty)$，则卷积积分的下限要取为 $-\infty$，即

$$F(t)*h(t) = \int_{-\infty}^t F(\tau)h(t-\tau)\mathrm{d}\tau$$

由于 $\tau > t$ 时，$h(t-\tau)=0$，即有

$$\int_t^\infty F(\tau)h(t-\tau)\mathrm{d}\tau = 0$$

因此，卷积积分还可以写成

$$F(t)*h(t) = \int_{-\infty}^\infty F(\tau)h(t-\tau)\mathrm{d}\tau$$

而 $h(t)$ 与 $F(t)$ 的卷积积分可以表示为

$$h(t)*F(t) = \int_{-\infty}^\infty h(t-\tau)F(\tau)\mathrm{d}\tau = \int_{-\infty}^\infty F(\tau)h(t-\tau)\mathrm{d}\tau = F(t)*h(t)$$

即卷积积分满足交换律。

2.5.3 傅里叶变换与拉普拉斯变换

1. 傅里叶变换

大多数的振动问题采用的时域描述方法，即研究振动系统的动态响应随时间的变化规律。而对于一个振动问题，也可以利用傅里叶变换将振动信号由时域信号转化为频域频谱进行分析，从而研究响应频谱与系统特性的频域描述之间的关系。

设振动系统的运动微分方程为

$$\begin{cases} m\ddot{x} + c\dot{x} + kx = f(t) \\ x(0) = 0, \ \dot{x}(0) = 0 \end{cases}$$

如果激励 $f(t)$ 的傅里叶变换存在，即有

$$F(\omega) = \mathcal{F}[f(t)]$$

对振动系统运动微分方程的两边做傅里叶变换，根据傅里叶变换的性质可以得到

$$(-m\omega^2 + ic\omega + k)X(\omega) = F(\omega)$$

故系统响应的傅里叶变换可以表示为

$$X(\omega) = \frac{F(\omega)}{k - m\omega^2 + ic\omega} = H(\omega)F(\omega)$$

式中：

$$H(\omega) = \frac{1}{k - m\omega^2 + ic\omega}$$

称为系统的频率响应函数，简称频响函数。

频响函数是系统振动特性的频域描述，其反映的是系统本身的频域特性。对于本章研究的单自由度振动系统，激励是作用在质量上的力，因此只要已知系统的刚度、质量和阻尼，可以根据上式求出系统的频响函数。反之，若已知系统的频响函数 $H(\omega)$，则由

$$k = \frac{1}{H(0)}, \quad m = \lim_{\omega \to \infty} \frac{H(\omega)}{\omega^2}$$

可以方便地求出系统的刚度和质量。由于

$$H(\omega)\big|_{\omega=1} = \frac{1}{k - m + ic}$$

故

$$c = \mathrm{Im}\left[\frac{-1}{H(\omega)\big|_{\omega=1}}\right]$$

在振动试验中往往只能得到频响函数在一系列频率点上的值，这时，可以采用曲线拟合的方法对频响函数的数据进行曲线拟合，从而得到系统的刚度、质量和阻尼。

响应的频谱描述了响应在频域的分布。在频域中，激励与响应的关系非常简单，可以通过试验测出系统所受到的激励 $f(t)$ 和系统对激励的响应 $x(t)$，在系统零初始条件下由其傅里叶变换 $F(\omega)$ 和 $X(\omega)$ 可以得到系统的频响函数

$$H(\omega) = \frac{X(\omega)}{F(\omega)}$$

做响应频谱的傅里叶逆变换，则有

$$x(t) = \frac{1}{2\pi}\int_{-\infty}^{\infty} H(\omega)F(\omega)\mathrm{e}^{i\omega t}\mathrm{d}\omega$$

$$= \frac{1}{2\pi}\int_{-\infty}^{\infty} \frac{F(\omega)}{k - m\omega^2 + ic\omega}\mathrm{e}^{i\omega t}\mathrm{d}\omega$$

可见，利用傅里叶变换在频域求解免去了在时域求解微分方程的困难，但要得到系统在时域的响应要用到傅里叶逆变换。

由上面的分析可知，频响函数 $H(\omega)$ 完全由系统的性质决定，如果得出了振动系统的频响函数，则只要给出了激励的傅里叶变换，就能够得出系统的时域响应信号。

2. 拉普拉斯变换

拉普拉斯变换也是常用的求解微分方程的方法，它可以方便地求系统在任意载荷下的响应，而且可以考虑初始条件。假设单自由度系统的运动微分方程为

$$\begin{cases} m\ddot{x} + c\dot{x} + kx = f(t) \\ x(0) = x_0, \ \dot{x}(0) = \dot{x}_0 \end{cases}$$

对方程两边分别进行拉普拉斯变换，则有

$$(ms^2 + cs + k)X(s) - [m\dot{x}_0 + (ms + c)x_0] = F(s)$$

振动响应的拉普拉斯变换为

$$X(s) = \frac{F(s) + [m\dot{x}_0 + (ms + c)x_0]}{ms^2 + cs + k}$$

对 $X(s)$ 进行拉普拉斯逆变换即可得到振动系统响应的时域信号。

同傅里叶变换一样，拉普拉斯变换将微分方程变为代数方程，但它优于傅里叶变换的地方在于其自动计入了初始条件，故能得到微分方程的全解。工程实践中常见的各种激励一般都可以通过查表求出其拉普拉斯变换，而响应的拉普拉斯逆变换大多也可通过查表得到。

3. 脉冲响应、频率响应函数和传递函数之间的关系

系统的频率响应函数、传递函数和脉冲响应各自反映了系统的振动特性，函数之间又存在着密切的联系，可以利用其中的两个已知量便捷地求出另外一个量。

单位脉冲力 $\delta(t)$ 的傅里叶变换和拉普拉斯变换均为 1，故对于方程

$$\begin{cases} m\ddot{x} + c\dot{x} + kx = \delta(t) \\ x(0^-) = 0, \ \dot{x}(0^-) = 0 \end{cases}$$

两边分别做傅里叶变换和拉普拉斯变换可得

$$X(\omega) = \frac{1}{k - m\omega^2 + ic\omega} = H(\omega)$$

$$X(s) = \frac{1}{ms^2 + cs + k} = H(s)$$

在单位脉冲力 $\delta(t)$ 的激励下系统的响应为脉冲响应函数 $h(t)$，由上面的分析可知，系统的脉冲响应函数 $h(t)$ 与系统的频率响应函数 $H(\omega)$ 是一对傅里叶变换对，与系统的传递函数 $H(s)$ 是一对拉普拉斯变换对，即

$$h(t) = \frac{1}{2\pi} \int_{-\infty}^{\infty} H(\omega) e^{i\omega t} d\omega$$

$$H(s) = \int_{-\infty}^{\infty} h(t) e^{-st} dt$$

$$h(t) = \frac{1}{2\pi i} \int_{\sigma-i\infty}^{\sigma+i\infty} H(s) e^{st} ds$$

2.6 单自由度振动系统的工程应用实例

单自由度振动系统在工程实际中广泛存在,下面通过几个典型案例来研究单自由度振动系统在工程实际中的应用情况。

2.6.1 偏心质量引起的强迫振动

常用机械中包含大量旋转运动的零部件,如各种传动轴、主轴、电动机和汽轮机的转子等,统称为回转体。理想的情况下,回转体旋转时与不旋转时,对轴承产生的压力是一样的,这样的回转体是平衡的回转体。

实际回转体在运行过程中,往往会造成机械的动不平衡。回转体存在不平衡量的因素主要包括:

(1) 转子零部件材质的不匀称性;

(2) 加工及装配中产生的误差;

(3) 设计时就具有非对称的几何形状等。

如果回转体存在不平衡量,则在旋转时,其上每个微小质点产生的离心惯性力不能相互抵消,离心惯性力通过轴承作用到机械及其基础上,引起振动,产生了噪声,加速轴承磨损,缩短机械寿命,严重时能造成破坏性事故。

在如图 2.30 所示的由偏心质量引起的强迫振动系统中,偏心质量为 m,偏心距为 e,me 称为不平衡量。

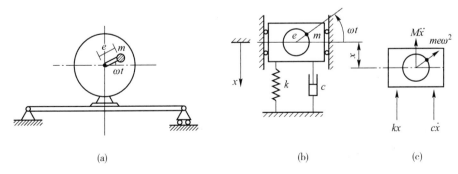

图 2.30 由偏心质量引起的强迫振动

则偏心质量引起的法向惯性力（离心力）
$$P_0 = me\omega^2$$
转子转动引起的垂向激励力
$$P = P_0\sin\omega t = me\omega^2\sin\omega t$$
则由偏心质量引起的强迫振动的振动微分方程可以表示为
$$M\ddot{x} + c\dot{x} + kx = me\omega^2\sin\omega t \tag{2-43}$$
由式（2-43）可得
$$\ddot{x} + \frac{c}{M}\dot{x} + \frac{k}{M}x = \frac{me}{M}\omega^2\sin\omega t$$
令：$\omega_0^2 = \frac{k}{M}$；$\xi = \frac{c}{2\sqrt{Mk}} = \frac{c}{2M\omega_0}$；$\lambda = \frac{\omega}{\omega_0}$。

则式（2-43）可以转化成
$$\ddot{x} + 2\xi\omega_0\dot{x} + \omega_0^2 x = \frac{me\omega^2}{M}\sin\omega t \tag{2-44}$$
式中：ξ 为相对阻尼系数；ω_0 为振动系统的固有频率；m 为偏心质量；e 为偏心距；M 为振动系统质量；ω 为激振力频率。

对于单自由度系统有阻尼强迫振动，有
$$\ddot{x} + 2\xi\omega_0\dot{x} + \omega_0^2 x = \frac{F_0}{M}\sin\omega t$$
由单自由度系统有阻尼强迫振动的知识可知，系统的稳态响应可以表示为
$$x(t) = B\sin(\omega t - \theta)$$
式中：
$$B = \frac{F_0}{k}\frac{1}{\sqrt{(1-\lambda^2)^2 + (2\xi\lambda)^2}}$$
$$\theta = \arctan\frac{2\xi\lambda}{1-\lambda^2}$$
对于偏心质量引起的强迫振动 $F_0 = me\omega^2$，由 $\omega_0^2 = \frac{k}{M}$、$\lambda = \frac{\omega}{\omega_0}$ 可知，稳态响应的幅值
$$B = \frac{F_0}{k}\frac{1}{\sqrt{(1-\lambda^2)^2 + (2\xi\lambda)^2}} = \frac{me\omega^2}{k}\frac{1}{\sqrt{(1-\lambda^2)^2 + (2\xi\lambda)^2}}$$
$$= \frac{me\omega^2}{\omega_0^2 M}\frac{1}{\sqrt{(1-\lambda^2)^2 + (2\xi\lambda)^2}} = \frac{me}{M}\frac{\lambda^2}{\sqrt{(1-\lambda^2)^2 + (2\xi\lambda)^2}} = B_1\beta_1 \tag{2-45}$$
式中：
$$B_1 = \frac{me}{M} \tag{2-46}$$
$$\beta_1 = \frac{\lambda^2}{\sqrt{(1-\lambda^2)^2 + (2\xi\lambda)^2}} \tag{2-47}$$
则由偏心质量引起的强迫振动的稳态响应可以表示为

$$x(t) = \frac{me}{M} \frac{\lambda^2}{\sqrt{(1-\lambda^2)^2 + (2\xi\lambda)^2}} \sin(\omega t - \theta)$$
$$= B_1 \beta_1 \sin(\omega t - \theta) \tag{2-48}$$

式中：$\theta = \arctan \frac{2\xi\lambda}{1-\lambda^2}$。

振幅与偏心质量 m 和偏心距 e 成正比，要减少振动，就要使质量分布尽可能均匀，使旋转轴对称而没有偏心距。故设备运行前，必须对转子进行动平衡，使其达到允许的平衡精度等级，或使因此产生的机械振动幅度降低至允许的范围内。

例题 2.10 在如图 2.31 所示的偏心质量系统中，共振时测得最大振幅为 0.1 m，由自由衰减振动测得阻尼系数为 $\xi = 0.05$，假定 $\frac{m}{M} = 10\%$，求：

(1) 偏心距 e；
(2) 若要使系统共振时振幅为 0.01 m，系统的总质量需要增加多少？

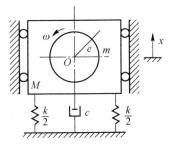

图 2.31 偏心质量系统

解：（1）系统共振时

$$\lambda = \frac{\omega}{\omega_0} = 1, \quad \frac{m}{M} = 10\%, \quad \xi = 0.05$$

则共振时的振幅

$$B_{\max} = \frac{me}{M} \frac{\lambda^2}{\sqrt{(1-\lambda^2)^2 + (2\xi\lambda)^2}}$$

$$= \frac{me}{2\xi M} = 0.1 \text{ m}$$

故

$$e = 0.1 \text{ m}$$

(2) 若要使系统共振时振幅为 0.01 m，假设系统的总质量需要增加 ΔM，则

$$B_{\max} = \frac{me}{M + \Delta M} \frac{\lambda^2}{\sqrt{(1-\lambda^2)^2 + (2\xi\lambda)^2}}$$

$$= \frac{1}{2\xi} \frac{me}{M + \Delta M} = 0.01 \text{ m}$$

故

$$\frac{\Delta M}{M} = 9, \quad \Delta M = 9M$$

2.6.2 支座引起的强迫振动

简谐振动不一定都是由激励力引起，系统的支承部分如果有运动也可使系统发生强迫振动，如车辆由于在不平路面上行驶而引起振动、精密仪器受周围环境振动的影响而振动等。如果支承的运动可以用简谐函数描述，则系统的振动可用简谐强迫振动理论来研究。

支座引起的强迫振动系统如图 2.32 所示，其振动体的受力分析如图 2.33 所示。

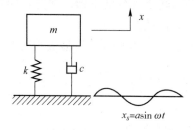

图 2.32　支座引起的强迫振动系统　　图 2.33　振动体的受力分析

假设支承的运动规律为

$$x_s = a\sin \omega t$$

由图 2.32 可知，由支座运动引起的强迫振动的运动微分方程可以表示为

$$m\ddot{x} + c(\dot{x} - \dot{x}_s) + k(x - x_s) = 0 \tag{2-49}$$

整理得

$$m\ddot{x} + c\dot{x} + kx = kx_s + c\dot{x}_s$$

即

$$m\ddot{x} + c\dot{x} + kx = ka\sin \omega t + ca\omega\cos \omega t$$

外部激励包括由弹簧传递过来的激振力 kx_s 及由阻尼器传递过来的激振力 $c\dot{x}_s$。为求解式（2-49），采用复数解法，即令质量块的支承运动为 $x_s = ae^{i\omega t}$，系统的稳态响应解为 $x = Be^{i(\omega t - \theta)}$，则

$$(k - m\omega^2 + ic\omega)Be^{i(\omega t - \theta)} = a(k + ic\omega)e^{i\omega t}$$

即

$$Be^{-i\theta} = a \cdot \frac{k + ic\omega}{k - m\omega^2 + ic\omega}$$

故

$$\begin{aligned} B &= |Be^{-i\theta}| \\ &= a\left|\frac{k + ic\omega}{k - m\omega^2 + ic\omega}\right| \\ &= a\frac{|k + ic\omega|}{|k - m\omega^2 + ic\omega|} \\ &= a\sqrt{\frac{k^2 + (c\omega)^2}{(k - m\omega^2)^2 + (c\omega)^2}} \end{aligned}$$

$$= a\sqrt{\frac{1 + (2\xi\lambda)^2}{(1-\lambda^2)^2 + (2\xi\lambda)^2}}$$

又因为

$$Be^{-i\theta} = B(\cos\theta - i\sin\theta)$$

$$= a\frac{k + ic\omega}{k - m\omega^2 + ic\omega}$$

$$= a\frac{k(k - m\omega^2) + (c\omega)^2 - imc\omega^3}{(k - m\omega^2)^2 + (c\omega)^2}$$

所以，其相位差

$$\tan\theta = \frac{\sin\theta}{\cos\theta}$$

$$= \frac{mc\omega^3}{k(k - m\omega^2) + (c\omega)^2}$$

$$= \frac{2\xi\lambda^3}{1 - \lambda^2 + (2\xi\lambda)^2}$$

由支座运动引起的强迫振动的振幅放大因子

$$\beta = \frac{B}{a} = \sqrt{\frac{1 + (2\xi\lambda)^2}{(1-\lambda^2)^2 + (2\xi\lambda)^2}} \qquad (2-50)$$

由支座引起的强迫振动的幅频特性曲线如图 2.34 所示。

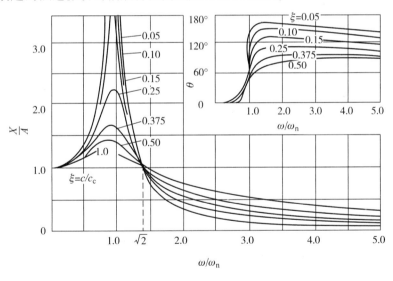

图 2.34 由支座引起的强迫振动的幅频特性曲线

由图 2.34 可知以下几点。

（1）当 $\lambda \ll 1$ 时，$\omega \ll \omega_n$，即系统的激振频率 ω 很低，幅值放大因子 $B/a \approx 1$，相位差 $\varphi = 0$，汽车车身的振动幅值约为路面激励的幅值。

（2）当 $\lambda = 1$ 时，$\omega = \omega_n$，$\tan\theta = \frac{1}{2\xi}$，即 $\theta \neq 90°$；若相对阻尼系数 ξ 很小，系统将发生

共振；阻尼比越小，共振峰越大，加大阻尼比可使共振峰明显下降。

（3）当 $\lambda = \sqrt{2}$ 时，幅值放大因子 $\beta = 1$；汽车车身振幅恒为路面激励振幅。

（4）当 $\lambda > \sqrt{2}$ 时，幅值放大因子 $\beta < 1$；对输入起减振作用，阻尼比越小，λ 越大，路面不平激励对车身的影响越小，对减振越有利；增加阻尼反而使振幅增大。

由上面的分析可知，当支座的激励为位移激励，即 $x_s = a\sin\omega t$ 时，由支座位移引起的强迫振动的振幅放大因子

$$\beta = \frac{B}{a} = \sqrt{\frac{1+(2\xi\lambda)^2}{(1-\lambda^2)^2+(2\xi\lambda)^2}}$$

当支座的激励为速度激励，即 $\dot{x}_s = b\sin\omega t$ 时，由支座激励引起的强迫振动的振幅放大因子

$$\beta = \frac{1}{\omega}\sqrt{\frac{1+(2\xi\lambda)^2}{(1-\lambda^2)^2+(2\xi\lambda)^2}}$$

当支座的激励为加速度激励，即 $\ddot{x}_s = c\sin\omega t$ 时，由支座激励引起的强迫振动的振幅放大因子

$$\beta = \frac{1}{\omega^2}\sqrt{\frac{1+(2\xi\lambda)^2}{(1-\lambda^2)^2+(2\xi\lambda)^2}}$$

2.6.3 振动隔离

振动隔离是指将振源与基础或连接结构的近刚性连接改成弹性连接，以防止或减弱振动能量的传递，最终达到减振降噪的目的。根据振源情况的不同，振动隔离的方式主要分为两种：主动隔振和被动隔振。

主动隔振是将振动的机器与地基隔离开，以减少振源对周围环境的影响，其振源为机器。主动隔振的目的是减少由于振动传递到地基上的力。所以，主动隔振系数可以表示为隔振后传递到地基的力幅值与隔振前传到地基的力幅值的商。

隔振系统的力学简图如图 2.35 所示。

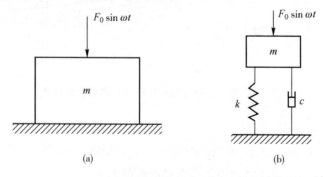

图 2.35 隔振系统力学模型

（a）隔振前；（b）隔振后

隔振前，机器传到地基上的力为 $F_0 \mathrm{e}^{\mathrm{i}\omega t}$，则隔振后系统的振动微分方程可以表示为

$$\ddot{x} + 2\xi\omega_0 \dot{x} + \omega_0^2 x = \frac{F_0}{m}\mathrm{e}^{\mathrm{i}\omega t}$$

由单自由度系统有阻尼强迫振动的知识可知，系统的稳态响应可以表示为

$$x(t) = B\mathrm{e}^{\mathrm{i}(\omega t - \theta)}$$

式中：

$$B = \frac{F_0}{k} \frac{1}{\sqrt{(1-\lambda^2)^2 + (2\xi\lambda)^2}}$$

$$\theta = \arctan\frac{2\xi\lambda}{1-\lambda^2}$$

隔振后通过弹簧和阻尼器传到地基上的力

$$\begin{aligned}
F_1 &= c\dot{x} + kx = (\mathrm{i}c\omega + k)\frac{F_0}{k}\frac{1}{\sqrt{(1-\lambda^2)^2 + (2\xi\lambda)^2}}\mathrm{e}^{\mathrm{i}(\omega t - \theta)} \\
&= F_0\frac{1}{\sqrt{(1-\lambda^2)^2 + (2\xi\lambda)^2}}(1 + \mathrm{i}\frac{c\omega}{k})\mathrm{e}^{\mathrm{i}(\omega t - \theta)} \\
&= F_0\frac{1}{\sqrt{(1-\lambda^2)^2 + (2\xi\lambda)^2}}(1 + \mathrm{i}2\xi\lambda)\mathrm{e}^{\mathrm{i}(\omega t - \theta)} \\
&= F_0\frac{\sqrt{1 + (2\xi\lambda)^2}}{\sqrt{(1-\lambda^2)^2 + (2\xi\lambda)^2}}\mathrm{e}^{\mathrm{i}(\omega t - (\theta - \theta_1))}
\end{aligned}$$

其中：

$$\omega_0 = \sqrt{\frac{k}{m}}, \quad \xi = \frac{c}{2\sqrt{km}}$$

$$\frac{c\omega}{k} = \frac{c\omega}{\omega_0^2 m} = \frac{c}{m}\frac{\lambda}{\omega_0}$$

$$= 2\xi\omega_0\frac{\lambda}{\omega_0} = 2\xi\lambda$$

即

$$F_1 = F_0\frac{\sqrt{1 + (2\xi\lambda)^2}}{\sqrt{(1-\lambda^2)^2 + (2\xi\lambda)^2}}\mathrm{e}^{\mathrm{i}(\omega t - (\theta - \theta_1))}$$

$$\theta_1 = \arctan 2\xi\lambda$$

由上面的分析可知，若隔振前机器传到地基的力为 $F_0\mathrm{e}^{\mathrm{i}\omega t}$，则隔振后传到地基上的力

$$F_1 = F_0\frac{\sqrt{1 + (2\xi\lambda)^2}}{\sqrt{(1-\lambda^2)^2 + (2\xi\lambda)^2}}\mathrm{e}^{\mathrm{i}(\omega t - (\theta - \theta_1))}$$

主动隔振系数

$$T_F = \frac{F_{1\max}}{F_0} = \sqrt{\frac{1+(2\xi\lambda)^2}{(1-\lambda^2)^2+(2\xi\lambda)^2}} \tag{2-51}$$

将地基的振动与机器设备隔离，以避免将振动传至设备，这种振动隔离称为被动隔振。被动隔振的振源为地基。因此，被动隔振系数可以定义为隔振后设备的振幅与隔振前设备的振幅之商。假设基础位移可以表示为

$$x_f = De^{i\omega t}$$

隔振后系统的响应

$$x(t) = D\sqrt{\frac{1+(2\xi\lambda)^2}{(1-\lambda^2)^2+(2\xi\lambda)^2}} e^{i(\omega t-\theta)}$$

被动隔振系数

$$T_D = \frac{x(t)_{\max}}{x_f} = \sqrt{\frac{1+(2\xi\lambda)^2}{(1-\lambda^2)^2+(2\xi\lambda)^2}} \tag{2-52}$$

由上面的分析可知，力传递率

$$T_F = \frac{F_{1\max}}{F_0} = \sqrt{\frac{1+(2\xi\lambda)^2}{(1-\lambda^2)^2+(2\xi\lambda)^2}}$$

位移传递率

$$T_D = \frac{x(t)_{\max}}{x_f} = \sqrt{\frac{1+(2\xi\lambda)^2}{(1-\lambda^2)^2+(2\xi\lambda)^2}}$$

力传递率和位移传递率统称为振动隔离的传递率，可以表示为

$$T = \sqrt{\frac{1+(2\xi\lambda)^2}{(1-\lambda^2)^2+(2\xi\lambda)^2}} \tag{2-53}$$

振动隔离系统的传递率随频率比变化的曲线如图 2.36 所示。

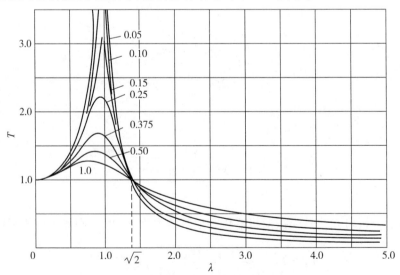

图 2.36 振动隔离系统的传递率随频率比变化的曲线

由图 2.36 可知：

(1) 只有当频率比 $\lambda > \sqrt{2}$ 时，隔振系统才能起到隔振效果；

(2) 当 $\lambda > 5$ 时，传递率随频率比的增大而下降的幅值不大，故工程中振动隔离常取 $2.5 < \lambda < 5$；

(3) 当 $\lambda > \sqrt{2}$ 时，增加阻尼反而降低了隔振的效果。

因此，在设计隔振系统时，一般先按设计要求确定传递率，然后再根据传递率确定频率比和相对阻尼系数，最后计算出隔振弹簧的刚度。

例如，工程中常用的惯性测振仪，其基本原理如图 2.37 所示。

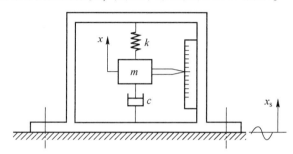

图 2.37 惯性测振仪的基本原理

假设物体的振动可以表示为

$$x_s = a\sin \omega t$$

则质量块 m 的运动微分方程可以表示为

$$m\ddot{x} + c(\dot{x} - \dot{x}_s) + k(x - x_s) = 0$$

令 $y = x - x_s$，则

$$m\ddot{y} + c\dot{y} + ky = -m\ddot{x}_s = ma\omega^2\sin \omega t$$

则该振动系统稳态响应解可以表示为

$$y = Y\sin(\omega t - \theta)$$

则稳态响应的幅值可以表示为

$$Y = \frac{a\lambda^2}{\sqrt{(1-\lambda^2)^2 + (2\xi\lambda)^2}}$$

$$\theta = \arctan\frac{2\xi\lambda}{1-\lambda^2}$$

稳态响应的幅值随频率比变化的曲线如图 2.38 所示。

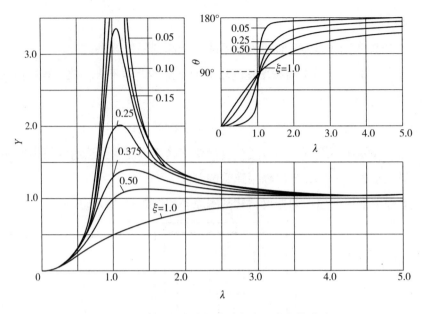

图 2.38 稳态响应的幅值随频率比变化的曲线

由图 2.38 可知,测振仪的指针所指的位移振幅 Y 作为输出,则输出 Y 与被测物体的振幅 a 成正比。

当 $\omega \gg \omega_n$ 时

$$Y = \frac{a}{\sqrt{\left(\dfrac{1}{\lambda^2} - 1\right)^2 + \left(\dfrac{2\xi}{\lambda}\right)^2}} \approx a$$

故位移计是一种低固有频率的仪器。

习 题

一、判断题

1. 过阻尼是一种按指数规律衰减的非周期蠕动,没有振动发生。 (　　)
2. 临界阻尼仍然是按指数规律衰减的非周期运动,但比过阻尼衰减慢些。 (　　)
3. 系统对简谐激励的稳态响应是等同于激振频率而相位滞后于激振力的简谐振动。
 (　　)
4. 当强迫振动外部激励频率与系统的固有频率之比远小于 1 时,系统的振幅主要由弹簧的刚度控制。 (　　)
5. 当强迫振动外部激励频率与系统的固有频率之比为无穷大时,系统的振幅主要取决于系统的惯性。 (　　)
6. 汽车在路面上行驶受到简谐振动,当路面的激励频率与汽车自身的固有频率比为 $\sqrt{2}$ 时,汽车车身振幅恒为路面激励振幅。 (　　)
7. 振动隔离系统,只有在频率比大于 $\sqrt{2}$ 时才有隔振效果。 (　　)

二、选择题

1. （　　）是一种运动形态，是指物体在平衡位置附近作往复运动。
   A. 噪声　　　　　B. 振动　　　　　C. 频率　　　　　D. 冲击

2. 在振动过程中，振系的任一瞬间形态由一个独立坐标即可确定的系统，称为（　　）。
   A. 单自由度振动系统　　　　　　B. 多自由度振动系统
   C. 随机振动　　　　　　　　　　D. 自由振动

3. 振动系统的要素包括（　　）。
   A. 质量　　　　　B. 弹性　　　　　C. 阻尼　　　　　D. 激励

4. 自由振动包括（　　）。
   A. 有阻尼自由振动　　　　　　　B. 无阻尼自由振动
   C. 强迫振动　　　　　　　　　　D. 随机振动

5. 单自由度系统无阻尼自由振动的微分方程是一个（　　）微分方程。
   A. 二阶常系数齐次线性　　　　　B. 三阶常系数齐次线性
   C. 三阶常系数齐次非线性　　　　D. 二阶常系数齐次非线性

6. 无阻尼的质量弹簧系统受到初始扰动后，其自由振动以（　　）为振动频率做简谐运动，永无休止。
   A. 激励频率　　　B. 冲击频率　　　C. 固有频率　　　D. 隔振频率

7. 振动中的阻力称为（　　）。
   A. 阻抗　　　　　B. 激励　　　　　C. 阻尼　　　　　D. 约束

8. 在流体中低速运动或沿润滑表面滑动的物体所受到的阻尼称为（　　）。
   A. 黏性阻尼　　　B. 库伦阻尼　　　C. 摩擦阻尼　　　D. 介质阻尼

9. 黏性阻尼系数的单位是（　　）。
   A. N/m　　　　　B. N·s/m　　　　C. N·s　　　　　D. 无单位

10. 一单自由度有阻尼振动系统，其刚度为 640 N/mm，质量为 16 kg，黏性阻尼系数为 800 N·s/m，则系统的固有圆频率为（　　）。
    A. 20 rad/s　　　B. 6.32 rad/s　　C. 200 rad/s　　D. 0.2 rad/s

11. 一单自由度有阻尼振动系统，其刚度为 640 N/mm，质量为 16 kg，黏性阻尼系数为 800 N·s/m，则系统的相对阻尼系数为（　　）。
    A. 0.003 95　　　B. 3.95　　　　　C. 125　　　　　D. 0.125

12. 欠阻尼是一种振幅（　　）的振动。
    A. 交替上升　　　B. 逐渐增强　　　C. 逐渐衰减　　　D. 不变

13. （　　）是一种按指数规律衰减的非周期蠕动，没有振动发生。
    A. 大阻尼　　　　B. 临界阻尼　　　C. 欠阻尼　　　　D. 过阻尼

14. （　　）是只衰减不振动，衰减稍快。
    A. 大阻尼　　　　B. 临界阻尼　　　C. 欠阻尼　　　　D. 过阻尼

15. 汽车减振器是利用（　　）的原理制成的。
    A. 大阻尼　　　　B. 临界阻尼　　　　C. 欠阻尼　　　　D. 过阻尼
16. 伊辛巴耶娃的跳杆利用（　　）的原理制成。
    A. 大阻尼　　　　B. 临界阻尼　　　　C. 欠阻尼　　　　D. 过阻尼
17. 灵敏电流计利用（　　）的原理制成。
    A. 大阻尼　　　　B. 临界阻尼　　　　C. 欠阻尼　　　　D. 过阻尼

三、简答题

1. 振动问题的研究方法包括哪些？
2. 何为单自由度振动系统？
3. 振动系统的四要素主要包括哪些？
4. 何为刚度？
5. 何为等效刚度？
6. 何为黏性阻尼？
7. 简述欠阻尼、临界阻尼和过阻尼的特点。
8. 简述汽车减震器的阻尼值如何选取？
9. 何为强迫振动？其激励来源主要包括哪些？
10. 造成回转体不平衡量的因素主要包括哪些？
11. 使用不平衡转子的危害有哪些？

四、计算题

1. 用复数解法推导由支座引起的强迫振动的稳态响应解。提示：要求写出详细推导过程，令 $x_s = a e^{i\omega t}$，稳态响应解 $x = B e^{i(\omega t - \theta)}$，$\beta = \dfrac{B}{a} = \sqrt{\dfrac{1+(2\xi\lambda)^2}{(1-\lambda^2)^2+(2\xi\lambda)^2}}$，$\theta = \arctan\dfrac{2\xi\lambda^3}{1-\lambda^2+(2\xi\lambda)^2}$。

2. 某振动系统如图 2.39 所示，设弹簧质量均匀分布，线密度为 ρ，在考虑弹簧质量的条件下求系统的固有频率。

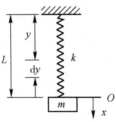

图 2.39　某振动系统

3. 用求卷积积分解方程
$$\begin{cases} m\ddot{x} + kx = F_0 \sin \omega t \\ x(0)=0,\ \dot{x}(0)=0 \end{cases}$$

第3章 二自由度系统的振动

多自由度系统指需要用两个或两个以上的独立坐标才能描述其运动的振动系统。在实际工程中遇到的振动问题多数需要用多自由度系统来描述。在多自由度系统中，各个自由度彼此相互联系，某一自由度的运动往往导致其他自由度随动。与此同时，描述系统振动的运动微分方程的变量之间相互耦合，使求解多自由度振动系统较求解单自由度振动系统困难得多。二自由度系统的自由度数是多自由度系统里最小的，力学直观性也较明显，运动微分方程的求解相对简单。掌握二自由度振动系统的振动理论可为求解多自由度振动系统奠定良好的基础。

3.1 二自由度振动系统的运动微分方程

如图 3.1 所示为一个典型的二自由度振动系统。为构建其运动微分方程，分别在 m_1、m_2 建立坐标系 O_1X_1、O_2X_2 以描述 m_1、m_2 的振动。坐标原点 O_1、O_2 分别取 m_1、m_2 的静平衡位置，取向右运动的方向为正方向。

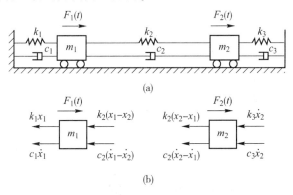

图 3.1 典型的二自由度振动系统

设 m_1、m_2 沿各自的坐标正向分别移动了 x_1、x_2，m_1、m_2 的受力情况如图 3.1（b）所示。根据牛顿第二定律可知

$$\begin{cases} m_1\ddot{x}_1 = F_1(t) - k_1 x_1 - c_1 \dot{x}_1 - k_2(x_1 - x_2) - c_2(\dot{x}_1 - \dot{x}_2) \\ m_2\ddot{x}_2 = F_2(t) - k_2(x_2 - x_1) - c_2(\dot{x}_2 - \dot{x}_1) - k_3 x_2 - c_3 \dot{x}_2 \end{cases}$$

整理得

$$\begin{cases} m_1\ddot{x}_1 + (c_1 + c_2)\dot{x}_1 - c_2 \dot{x}_2 + (k_1 + k_2) x_1 - k_2 x_2 = F_1(t) \\ m_2\ddot{x}_2 - c_2 \dot{x}_1 + (c_2 + c_3)\dot{x}_2 - k_2 x_1 + (k_2 + k_3) x_2 = F_2(t) \end{cases}$$

在多自由度振动系统中，通常把振动微分方程写成矩阵形式。把上面的振动微分方程组写成矩阵形式，可以表示为

$$\begin{bmatrix} m_1 & 0 \\ 0 & m_2 \end{bmatrix} \begin{bmatrix} \ddot{x}_1 \\ \ddot{x}_2 \end{bmatrix} + \begin{bmatrix} c_1 + c_2 & -c_2 \\ -c_2 & c_2 + c_3 \end{bmatrix} \begin{bmatrix} \dot{x}_1 \\ \dot{x}_2 \end{bmatrix} + \begin{bmatrix} k_1 + k_2 & -k_2 \\ -k_2 & k_2 + k_3 \end{bmatrix} \begin{bmatrix} x_1 \\ x_2 \end{bmatrix} = \begin{bmatrix} F_1(t) \\ F_2(t) \end{bmatrix}$$

令

$$M = \begin{bmatrix} m_1 & 0 \\ 0 & m_2 \end{bmatrix}$$

$$C = \begin{bmatrix} c_1 + c_2 & -c_2 \\ -c_2 & c_2 + c_3 \end{bmatrix}$$

$$K = \begin{bmatrix} k_1 + k_2 & -k_2 \\ -k_2 & k_2 + k_3 \end{bmatrix}$$

分别称为系统的质量矩阵、阻尼矩阵和刚度矩阵。二自由度振动系统的质量矩阵、阻尼矩阵和刚度矩阵都是二阶方阵，方阵的阶数与自由度个数相等。此时，二自由度振动系统的振动微分方程可以表示为

$$M\ddot{x} + C\dot{x} + Kx = F(t) \tag{3-1}$$

这种用矩阵形式表示的二自由度系统的运动微分方程与单自由度系统的运动微分方程非常相似。如果将数看作是一阶方阵和一阶矢量，则多自由度振动系统运动微分方程也同样适用于单自由度振动系统。式（3-1）除了可以表述单自由度、二自由度振动系统的运动微分方程外，还可以用来描述多自由度系统的振动，只是矩阵均为 n 阶方阵，矢量均为 n 阶矢量。

通常，称在各个离散质量上建立的坐标系为描述系统的物理坐标系，在物理坐标系中系统的质量矩阵、阻尼矩阵和刚度矩阵为系统的物理参数。

振动系统的性质完全可以由质量矩阵、刚度矩阵及阻尼矩阵决定。由上面的分析可知，**二自由度振动系统的质量矩阵、阻尼矩阵和刚度矩阵均是对称矩阵**，即满足

$$m_{ij} = m_{ji}, \quad c_{ij} = c_{ji}, \quad k_{ij} = k_{ji}$$

多自由度系统的质量矩阵、阻尼矩阵和刚度矩阵一般均是对称矩阵。

对于图 3.1 所示的振动系统，其动能可以表示为

$$E = \frac{1}{2}m_1\dot{x}_1^2 + \frac{1}{2}m_2\dot{x}_2^2$$

$$= \frac{1}{2}\begin{bmatrix} \dot{x}_1 & \dot{x}_2 \end{bmatrix} \begin{bmatrix} m_1 & 0 \\ 0 & m_2 \end{bmatrix} \begin{bmatrix} \dot{x}_1 \\ \dot{x}_2 \end{bmatrix}$$

$$= \frac{1}{2}\dot{\boldsymbol{x}}^T \boldsymbol{M} \dot{\boldsymbol{x}}$$

二自由度系统的动能是质量矩阵的二次型。系统的势能为 3 个弹性元件的势能之和,可以表示为

$$U = \frac{1}{2}k_1 x_1^2 + \frac{1}{2}k_2(x_2 - x_1)2 + \frac{1}{2}k_3 x_2^2$$

$$= \frac{1}{2}\begin{bmatrix} x_1 & x_2 \end{bmatrix} \begin{bmatrix} k_1 + k_2 & -k_2 \\ -k_2 & k_2 + k_3 \end{bmatrix} \begin{bmatrix} x_1 \\ x_2 \end{bmatrix}$$

$$= \frac{1}{2}\boldsymbol{x}^T \boldsymbol{K} \boldsymbol{x}$$

二自由度振动系统的势能是刚度矩阵的二次型。二自由度振动系统的能量耗散为 3 个阻尼元件的能量耗散函数之和,可以表示为

$$D = \frac{1}{2}c_1 \dot{x}_1^2 + \frac{1}{2}c_2(\dot{x}_2 - \dot{x}_1)2 + \frac{1}{2}c_3 \dot{x}_2^2$$

$$= \frac{1}{2}\begin{bmatrix} \dot{x}_1 & \dot{x}_2 \end{bmatrix} \begin{bmatrix} c_1 + c_2 & -c_2 \\ -c_2 & c_2 + c_3 \end{bmatrix} \begin{bmatrix} \dot{x}_1 \\ \dot{x}_2 \end{bmatrix}$$

$$= \frac{1}{2}\dot{\boldsymbol{x}}^T \boldsymbol{C} \dot{\boldsymbol{x}}$$

二自由度振动系统的能量耗散函数是阻尼矩阵的二次型。利用二自由度振动系统的动能、势能及能量耗散函数可以分别求出质量矩阵、阻尼矩阵和刚度矩阵的各个元素,即

$$m_{ij} = \frac{\partial^2 E}{\partial \dot{x}_i \partial \dot{x}_j}, \quad k_{ij} = \frac{\partial^2 U}{\partial x_i \partial x_j}, \quad c_{ij} = \frac{\partial^2 D}{\partial \dot{x}_i \partial \dot{x}_j} \tag{3-2}$$

通过求系统的动能、势能和能量耗散函数,然后根据式(3-2)求出系统的质量矩阵、刚度矩阵和阻尼矩阵,再根据式(3-1)可直接列出二自由度系统的运动微分方程。采用这种方法求解二自由度振动系统的运动微分方程的优点是,由于系统的动能、势能和能量耗散函数均是标量,故在振动微分方程的求解时不用考虑力的方向的影响。

根据惯性元件、弹性元件和阻尼元件的性质可知,动能、势能和能量耗散函数均是非负的,即对于任意的位移 x,任意的速度 $\dot{x}$,存在

$$E = \frac{1}{2}\dot{\boldsymbol{x}}^T \boldsymbol{M} \dot{\boldsymbol{x}} \geq 0$$

$$U = \frac{1}{2}\boldsymbol{x}^T \boldsymbol{K} \boldsymbol{x} \geq 0$$

$$D = \frac{1}{2}\dot{\boldsymbol{x}}^T \boldsymbol{C} \dot{\boldsymbol{x}} \geq 0$$

可见，二自由度振动系统的质量矩阵、阻尼矩阵和刚度矩阵均是正定或半正定矩阵。大多数工程振动问题其质量矩阵一般都是正定矩阵，且对于正定或超正定结构，其刚度矩阵也是正定矩阵。

上述关于质量矩阵、阻尼矩阵和刚度矩阵的情况可以推广到任意的二自由度系统及多自由度系统。

由上面的分析可知，将 m_1，m_2 联结在一起的弹性元件 k_2 和阻尼元件 c_2 使得系统的两个质量相互影响，并使刚度矩阵和阻尼矩阵不是对角矩阵。通常情况下，多自由度振动系统的运动微分方程中的质量矩阵、刚度矩阵和阻尼矩阵都可能不是对角矩阵，这样的运动微分方程存在着耦合。如果振动系统的质量矩阵是非对角矩阵，则该振动系统存在着惯性耦合；如果运动微分方程的阻尼矩阵是非对角矩阵，则该振动系统存在着阻尼耦合；如果运动微分方程的刚度矩阵为非对角矩阵，则方程存在弹性耦合。

若振动系统的质量矩阵、阻尼矩阵和刚度矩阵都是对角矩阵，则该振动系统的运动微分方程没有任何耦合，变为两个彼此独立的单自由度振动系统，各个未知量可以单独求解。因此，多自由度振动系统的方程解耦技术是求解多自由度振动系统运动微分方程的关键。该问题在数学上的描述就是怎样使系统的质量矩阵、阻尼矩阵和刚度矩阵在某一坐标系下同时成为对角矩阵。

通常意义上，方程是否存在耦合和存在什么种类的耦合依赖于所选取的描述系统的广义坐标，而不是取决于系统本身。

3.2 不同坐标系下的运动微分方程

本节以汽车的二自由度振动模型为例，通过选取不同的广义坐标构建其运动微分方程，分析汽车二自由度振动模型运动微分方程的耦合情况，并研究不同广义坐标下运动微分方程之间的关系。

汽车的二自由度振动模型如图 3.2 所示。在汽车的二自由度振动模型中，对汽车的结构进行了简化，板簧以上的部分简化成刚性杆，具有质量 m 和绕质心的转动惯量 I_C，质心位于 C 点。汽车的前后板簧被简化成在 A、B 两点与杆相连的弹性元件 k_1、k_2。为了计算方便，此汽车的二自由度振动模型忽略了汽车减震器和其他形式的阻尼，并且不考虑板簧以下部分的质量和刚度，即只考虑杆的垂直运动和绕质心的转动。

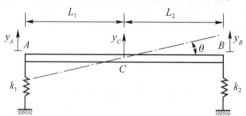

图 3.2 汽车的二自由度振动模型

由图 3.2 可知，汽车二自由度系统的动能和势能分别为

$$E = \frac{1}{2}m\dot{y}_C^2 + \frac{1}{2}I_C\dot{\theta}^2$$

$$= \frac{1}{2}\begin{bmatrix} \dot{y}_C & \dot{\theta} \end{bmatrix} \begin{bmatrix} m & 0 \\ 0 & I_C \end{bmatrix} \begin{bmatrix} \dot{y}_C \\ \dot{\theta} \end{bmatrix}$$

$$U = \frac{1}{2}k_1 y_A^2 + \frac{1}{2}k_2 y_B^2$$

$$= \frac{1}{2}\begin{bmatrix} y_A & y_B \end{bmatrix} \begin{bmatrix} k_1 & 0 \\ 0 & k_2 \end{bmatrix} \begin{bmatrix} y_A \\ y_B \end{bmatrix}$$

此二自由度振动系统里包括 4 个广义坐标 y_A，y_B，y_C，θ。由于二自由度系统只需要两个广义坐标描述，故需要确定两个广义坐标，其余坐标用该坐标来描述。

(1) 取广义坐标 y_A、θ。此时，y_B 和 y_C 可用 y_A 和 θ 表示为

$$y_C = y_A + L_1\theta$$

$$y_B = y_A + L\theta \qquad (L = L_1 + L_2)$$

在选取 y_A、θ 作广义坐标的情况下，系统的动能和势能可以分别表示为

$$E = \frac{1}{2}m\dot{y}_C^2 + \frac{1}{2}I_C\dot{\theta}^2$$

$$= \frac{1}{2}[m(\dot{y}_A + L_1\dot{\theta})^2 + I_C\dot{\theta}^2]$$

$$= \frac{1}{2}[m\dot{y}_A^2 + 2mL_1\dot{y}_A\dot{\theta} + (mL_1^2 + I_C)\dot{\theta}^2]$$

$$= \frac{1}{2}\begin{bmatrix} \dot{y}_A & \dot{\theta} \end{bmatrix} \begin{bmatrix} m & mL_1 \\ mL_1 & mL_1^2 + I_C \end{bmatrix} \begin{bmatrix} \dot{y}_A \\ \dot{\theta} \end{bmatrix}$$

$$U = \frac{1}{2}k_1 y_A^2 + \frac{1}{2}k_2 y_B^2$$

$$= \frac{1}{2}[k_1 y_A^2 + k_2(y_A + L\theta)^2]$$

$$= \frac{1}{2}[(k_1 + k_2)y_A^2 + 2k_2 L y_A\theta + k_2 L^2\theta^2]$$

$$= \frac{1}{2}\begin{bmatrix} y_A & \theta \end{bmatrix} \begin{bmatrix} k_1 + k_2 & k_2 L \\ k_2 L & k_2 L^2 \end{bmatrix} \begin{bmatrix} y_A \\ \theta \end{bmatrix}$$

因此，在选取 y_A、θ 作广义坐标的情况下，汽车二自由度运动微分方程可以表示为

$$\begin{bmatrix} m & mL_1 \\ mL_1 & mL_1^2 + I_C \end{bmatrix} \begin{bmatrix} \ddot{y}_A \\ \ddot{\theta} \end{bmatrix} + \begin{bmatrix} k_1 + k_2 & k_2 L \\ k_2 L & k_2 L^2 \end{bmatrix} \begin{bmatrix} y_A \\ \theta \end{bmatrix} = 0$$

方程存在着弹性耦合和惯性耦合。

(2) 取广义坐标 y_C、θ。此时，y_A 和 y_B 可用 y_C 和 θ 表示为

$$y_A = y_C - L_1\theta$$
$$y_B = y_C + L_2\theta \quad (L = L_1 + L_2)$$

若表示成矩阵的形式，则有

$$\begin{bmatrix} y_A \\ y_B \end{bmatrix} = \begin{bmatrix} 1 & -L_1 \\ 1 & L_2 \end{bmatrix} \begin{bmatrix} y_C \\ \theta \end{bmatrix} = \boldsymbol{\mu} \begin{bmatrix} y_C \\ \theta \end{bmatrix}$$

式中：$\boldsymbol{\mu} = \begin{bmatrix} 1 & -L_1 \\ 1 & L_2 \end{bmatrix}$，表示从 y_C、θ 到 y_A、y_B 的变换矩阵。

在选取 y_C、θ 作为广义坐标的情况下，系统的动能和势能可以表示为

$$E = \frac{1}{2}m\dot{y}_C^2 + \frac{1}{2}I_C\dot{\theta}^2$$

$$= \frac{1}{2}\begin{bmatrix} \dot{y}_C & \dot{\theta} \end{bmatrix} \begin{bmatrix} m & 0 \\ 0 & I_C \end{bmatrix} \begin{bmatrix} \dot{y}_C \\ \dot{\theta} \end{bmatrix}$$

$$U = \frac{1}{2}k_1 y_A^2 + \frac{1}{2}k_2 y_B^2$$

$$= \frac{1}{2}\begin{bmatrix} y_A & y_B \end{bmatrix} \begin{bmatrix} k_1 & 0 \\ 0 & k_2 \end{bmatrix} \begin{bmatrix} y_A \\ y_B \end{bmatrix}$$

$$= \frac{1}{2}\begin{bmatrix} y_C & \theta \end{bmatrix} \boldsymbol{u}^T \begin{bmatrix} k_1 & 0 \\ 0 & k_2 \end{bmatrix} \boldsymbol{u} \begin{bmatrix} y_C \\ \theta \end{bmatrix}$$

$$= \frac{1}{2}\begin{bmatrix} y_C & \theta \end{bmatrix} \begin{bmatrix} 1 & 1 \\ -L_1 & L_2 \end{bmatrix} \begin{bmatrix} k_1 & 0 \\ 0 & k_2 \end{bmatrix} \begin{bmatrix} 1 & -L_1 \\ 1 & L_2 \end{bmatrix} \begin{bmatrix} y_C \\ \theta \end{bmatrix}$$

$$= \frac{1}{2}\begin{bmatrix} y_C & \theta \end{bmatrix} \begin{bmatrix} k_1 + k_2 & k_2 L_2 - k_1 L_1 \\ k_2 L_2 - k_1 L_1 & k_1 L_1^2 + k_2 L_2^2 \end{bmatrix} \begin{bmatrix} y_C \\ \theta \end{bmatrix}$$

因此，该汽车二自由度振动系统的运动微分方程可以表示为

$$\begin{bmatrix} m & 0 \\ 0 & I_C \end{bmatrix} \begin{bmatrix} \ddot{y}_C \\ \ddot{\theta} \end{bmatrix} + \begin{bmatrix} k_1 + k_2 & k_2 L_2 - k_1 L_1 \\ k_2 L_2 - k_1 L_1 & k_1 L_1^2 + k_2 L_2^2 \end{bmatrix} \begin{bmatrix} y_C \\ \theta \end{bmatrix} = 0$$

如果 $k_2 L_2 - k_1 L_1 \neq 0$，方程将存在弹性耦合。如果 $k_2 L_2 - k_1 L_1 = 0$，则刚度矩阵为对角矩阵，方程已经解耦。此时，汽车的垂直运动与绕质心的转动相互独立。

(3) 取广义坐标 y_A、y_B。此时，y_C 和 θ 可用 y_A 和 y_B 表示为

$$y_C = y_A + \frac{L_1(y_B - y_A)}{L} = \frac{L_2 y_A}{L} + \frac{L_1 y_B}{L}$$

$$\theta = \frac{y_B - y_A}{L} = -\frac{y_A}{L} + \frac{y_B}{L}$$

表示成矩阵的形式，有

$$\begin{bmatrix} y_C \\ \theta \end{bmatrix} = \begin{bmatrix} \dfrac{L_2}{L} & \dfrac{L_1}{L} \\ -\dfrac{1}{L} & \dfrac{1}{L} \end{bmatrix} \begin{bmatrix} y_A \\ y_B \end{bmatrix} = \boldsymbol{\mu} \begin{bmatrix} y_A \\ y_B \end{bmatrix}$$

其变换矩阵为

$$\boldsymbol{\mu} = \begin{bmatrix} \dfrac{L_2}{L} & \dfrac{L_1}{L} \\ -\dfrac{1}{L} & \dfrac{1}{L} \end{bmatrix}$$

在广义坐标 y_A 和 y_B 下的质量矩阵可以表示为

$$\boldsymbol{u}^{\mathrm{T}} \begin{bmatrix} m & 0 \\ 0 & I_C \end{bmatrix} \boldsymbol{u} = \begin{bmatrix} \dfrac{mL_2^2 + I_C}{L^2} & \dfrac{mL_1L_2 - I_C}{L^2} \\ \dfrac{mL_1L_2 - I_C}{L^2} & \dfrac{mL_1^2 + I_C}{L^2} \end{bmatrix}$$

则该汽车二自由度振动系统的运动微分方程可以表示为

$$\begin{bmatrix} \dfrac{mL_2^2 + I_C}{L^2} & \dfrac{mL_1L_2 - I_C}{L^2} \\ \dfrac{mL_1L_2 - I_C}{L^2} & \dfrac{mL_1^2 + I_C}{L^2} \end{bmatrix} \begin{bmatrix} \ddot{y}_A \\ \ddot{y}_B \end{bmatrix} + \begin{bmatrix} k_1 & 0 \\ 0 & k_2 \end{bmatrix} \begin{bmatrix} y_A \\ y_B \end{bmatrix} = 0$$

当 $mL_1L_2 - I_C \neq 0$ 时，方程存在惯性耦合。当 $mL_1L_2 - I_C = 0$ 时，质量矩阵为对角矩阵，方程已解耦。此时，A 点和 B 点的振动相互独立。对于汽车而言，表示前悬架和后悬架的振动相互独立，就如同两个相互独立没有联系的单自由度振动系统。在汽车理论中，称

$$\rho = \dfrac{I_C}{mL_1L_2}$$

式中：ρ 为悬挂质量分配系数，当 $\rho = 1$ 时，汽车的前悬架和后悬架的振动相互独立。

在汽车二自由度振动系统微分方程的推导过程中，研究不同广义坐标系下刚度矩阵之间的关系。如果广义坐标 x 和 y 之间有变换关系 $x = \boldsymbol{\mu} y$，在 x、y 下的刚度矩阵分别为 $\boldsymbol{K}$ 和 $\boldsymbol{K}_1$，则由于系统的势能大小与广义坐标的选取无关，因而有

$$U = \dfrac{1}{2} x^{\mathrm{T}} \boldsymbol{K} x = \dfrac{1}{2} y^{\mathrm{T}} \boldsymbol{\mu}^{\mathrm{T}} \boldsymbol{K} \boldsymbol{\mu} y = \dfrac{1}{2} y^{\mathrm{T}} \boldsymbol{K}_1 y$$

故

$$\boldsymbol{K}_1 = \boldsymbol{\mu}^{\mathrm{T}} \boldsymbol{K} \boldsymbol{\mu} \tag{3-3}$$

同样，由于系统动能和能量耗散函数的大小也与广义坐标的选取无关，因此可以得到两个坐标系的质量矩阵 $\boldsymbol{M}_1$、$\boldsymbol{M}$ 和阻尼矩阵 $\boldsymbol{C}_1$、$\boldsymbol{C}$ 之间的关系为

$$\boldsymbol{M}_1 = \boldsymbol{\mu}^{\mathrm{T}} \boldsymbol{M} \boldsymbol{\mu} \tag{3-4}$$

$$\boldsymbol{C}_1 = \boldsymbol{\mu}^{\mathrm{T}} \boldsymbol{C} \boldsymbol{\mu} \tag{3-5}$$

由上面的分析可知，系统的质量矩阵和刚度矩阵的具体形式与所选取的描述系统振动

的广义坐标有关，且合适的广义坐标能够使二自由度振动系统的运动微分方程解耦。由于不同的广义坐标之间存在线性变换关系，所以二自由度振动微分方程的解耦问题就可以归结为寻找一个合适的线性变换矩阵 $\boldsymbol{\mu}$，使变换后系统的质量矩阵、阻尼矩阵和刚度矩阵成为对角矩阵。

3.3 二自由度系统自由振动

由 3.2 节的知识可知，**要使多自由度振动系统的方程解耦，就需要寻找合适的描述系统振动的广义坐标系，使得系统的质量矩阵、阻尼矩阵和刚度矩阵在这个广义坐标系下为对角矩阵**。也就是说，寻找一个变换矩阵 $\boldsymbol{\mu}$，使得系统的质量矩阵、阻尼矩阵和刚度矩阵通过坐标变换转换成对角矩阵。本节以二自由度无阻尼自由振动为例来讨论多自由度振动系统的方程解耦问题。二自由度无阻尼自由振动的运动微分方程可以表示为

$$\begin{bmatrix} m_{11} & m_{12} \\ m_{21} & m_{22} \end{bmatrix} \begin{bmatrix} \ddot{x}_1 \\ \ddot{x}_2 \end{bmatrix} + \begin{bmatrix} k_{11} & k_{12} \\ k_{21} & k_{22} \end{bmatrix} \begin{bmatrix} x_1 \\ x_2 \end{bmatrix} = 0 \tag{3-6}$$

如果存在变换矩阵 $\boldsymbol{\mu}$ 使方程解耦，即当 $x = uy$ 时，振动系统的运动微分方程可以表示为

$$\begin{bmatrix} m_1 & 0 \\ 0 & m_2 \end{bmatrix} \begin{bmatrix} \ddot{y}_1 \\ \ddot{y}_2 \end{bmatrix} + \begin{bmatrix} k_1 & 0 \\ 0 & k_2 \end{bmatrix} \begin{bmatrix} y_1 \\ y_2 \end{bmatrix} = 0 \tag{3-7}$$

式（3-7）相当于两个彼此独立的单自由度方程，即

$$\begin{cases} m_1 \ddot{y}_1 + k_1 y_1 = 0 \\ m_2 \ddot{y}_2 + k_2 y_2 = 0 \end{cases}$$

若

$$y_1(0) = A, \quad \dot{y}_1(0) = 0, \quad y_2(0) = 0, \quad \dot{y}_2(0) = 0$$

则式（3-7）的解为

$$y_1 = A\cos \omega_1 t, \quad \omega_1 = \sqrt{\frac{k_1}{m_1}}$$

$$y_2 = 0$$

由此可以得到式（3-6）的解为

$$x(t) = \boldsymbol{\mu} y(t) = \boldsymbol{\mu} \begin{bmatrix} A \\ 0 \end{bmatrix} \cos \omega_1 t = \begin{bmatrix} \mu_{11} \\ \mu_{21} \end{bmatrix} A\cos \omega_1 t$$

即在初始条件 $x(0) = \boldsymbol{\mu} \begin{bmatrix} A \\ 0 \end{bmatrix}$，$\dot{x}(0) = 0$ 时，系统的自由振动为简谐振动，有

$$x_1(t) = \mu_{11} A \cos \omega_1 t$$

$$x_2(t) = \mu_{21} A \cos \omega_1 t$$

也就是说，两个坐标 $x_1(t)$、$x_2(t)$ 的比值 $\dfrac{x_1(t)}{x_2(t)} = \dfrac{\mu_{11}}{\mu_{21}}$ 是与时间无关的常数。若式（3-6）能够解耦，则在特殊的初始条件下，系统的两个自由度以相同的频率做简谐振动，同时达到极值，同时为 0。

例题 3.1 某二自由度振动系统如图 3.3 所示。设 $m_1 = m_2 = m$，该系统为对称系统，对称点为 k_1 的中点。试求：

（1）$x_1(0) = x_2(0) = x_0$，$\dot{x}_1(0) = \dot{x}_2(0) = 0$ 时，该振动系统的运动微分方程；

（2）$x_1(0) = -x_0$，$x_2(0) = x_0$，$\dot{x}_1(0) = \dot{x}_2(0) = 0$ 时，该振动系统的运动微分方程；

（3）$x_1(0) = x_2(0) = 0$，$\dot{x}_1(0) = \dot{x}_2(0) = \dot{x}_0$ 时，该振动系统的运动微分方程；

（4）$x_1(0) = x_2(0) = 0$，$\dot{x}_1(0) = -\dot{x}_0$，$\dot{x}_2(0) = \dot{x}_0$ 时，该振动系统的运动微分方程。

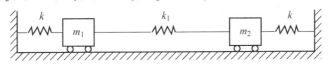

图 3.3 某二自由度振动系统

解：（1）由 $x_1(0) = x_2(0) = x_0$，$\dot{x}_1(0) = \dot{x}_2(0) = 0$ 可知，在整个振动过程中，弹簧 k_1 不变形，m_1 和 m_2 受到的力大小、方向均相同。由于二者的质量相同，因此它们的速度和位移也相同。这样，m_1 和 m_2 之间的距离始终保持不变，二者就如同一个刚体，原二自由度振动系统可以等效为单自由度振动系统，其固有频率可以表示为

$$\omega_1 = \sqrt{\dfrac{k}{m}}$$

由单自由度振动系统的知识可知，其响应可以表示为

$$x_1 = x_2 = x_0 \cos \omega_1 t$$

且

$$\dfrac{x_1(t)}{x_2(t)} = 1$$

此时，系统两个自由度以 ω_1 为频率做简谐振动，同时达到极值，同时为 0，它们之间的相位差为 0。

（2）由初始条件 $x_1(0) = -x_0$、$x_2(0) = x_0$、$\dot{x}_1(0) = \dot{x}_2(0) = 0$ 可知，在二自由度振动系统的振动过程中，系统的中点（即 k_1 的中点）没有运动，就像一个固定点。k_1 被分成相等的两部分，每一部分的弹簧的刚度为 $2k_1$。原二自由度振动系统转化成两个彼此独立且完

全一样的单自由度系统，其固有频率为

$$\omega_2 = \sqrt{\frac{k + 2k_1}{m}}$$

其振动响应可以表示为

$$x_1(t) = -x_0 \cos \omega_2 t$$
$$x_2(t) = -x_1(t) = x_0 \cos \omega_2 t$$

即

$$\frac{x_1(t)}{x_2(t)} = -1$$

此时，系统的两个自由度以 ω_2 为频率做简谐振动，同时达到极值，同时为 0，其相位差为 π。

(3) 由初始条件 $x_1(0) = x_2(0) = 0$、$\dot{x}_1(0) = \dot{x}_2(0) = \dot{x}_0$ 可知，m_1、m_2 的初始位移为 0，而初始速度不为 0，均为 $\dot{x}_0$。由上面的分析可知

$$x_1 = x_2 = \left(\frac{\dot{x}_0}{\omega_1}\right) \sin \omega_1 t$$

且

$$\frac{x_1(t)}{x_2(t)} = 1$$

此时，系统两个自由度以 ω_1 为频率做简谐振动，同时达到极值，同时为 0，它们之间的相位差为 0。

(4) 由初始条件 $x_1(0) = x_2(0) = 0$、$\dot{x}_1(0) = -\dot{x}_0$，$\dot{x}_2(0) = \dot{x}_0$ 可知，m_1、m_2 的初始位移为 0，而初始速度不为 0，且大小相等（均为 $\dot{x}_0$），方向相反。由上面的分析可知，其振动响应可以表示为

$$x_1(t) = -\left(\frac{\dot{x}_0}{\omega_2}\right) \sin \omega_2 t$$

$$x_2(t) = \left(\frac{\dot{x}_0}{\omega_2}\right) \sin \omega_2 t$$

且

$$\frac{x_1(t)}{x_2(t)} = -1$$

此时，系统两个自由度以 ω_2 为频率做简谐振动，同时达到极值，同时为 0，它们之间的相位差为 0。

由上面的分析可知，4 种不同的工况下得到两个固有频率，两个坐标比值。对于任意的初始条件 $x_1(0) = x_{10}$，$x_2(0) = x_{20}$，$\dot{x}_1(0) = \dot{x}_{10}$，$\dot{x}_2(0) = \dot{x}_{20}$，可以分解为如下 4 种初始条件之和。

(1) $x_1(0) = x_2(0) = (x_{10} + x_{20})/2 = A$

$\dot{x}_1(0) = \dot{x}_2(0) = 0$

(2) $-x_1(0) = x_2(0) = (x_{20} - x_{10})/2 = B$

$\dot{x}_1(0) = \dot{x}_2(0) = 0$

(3) $x_1(0) = x_2(0) = 0$

$\dot{x}_1(0) = \dot{x}_2(0) = (\dot{x}_{10} + \dot{x}_{20})/2 = C_{\omega 1}$

(4) $x_1(0) = x_2(0) = 0$

$-\dot{x}_1(0) = \dot{x}_2(0) = (\dot{x}_{20} - \dot{x}_{10})/2 = D_{\omega 2}$

由上面的例题求解过程可知，在此 4 种工况下二自由度振动系统的动态响应可以分别表示为：

(1) $x_1(t) = A\cos \omega_1 t$, $x_2(t) = A\cos \omega_1 t$

(2) $x_1(t) = -B\cos \omega_2 t$, $x_2(t) = B\cos \omega_2 t$

(3) $x_1(t) = C\sin \omega_1 t$, $x_2(t) = C\sin \omega_1 t$

(4) $x_1(t) = -D\sin \omega_2 t$, $x_2(t) = D\sin \omega_2 t$

根据叠加原理，图 3.3 所示的二自由度振动系统在任意初始条件下的自由振动响应为

$$x_1(t) = A\cos \omega_1 t - B\cos \omega_2 t + C\sin \omega_1 t - D\sin \omega_2 t$$

$$x_2(t) = A\cos \omega_1 t + B\cos \omega_2 t + C\sin \omega_1 t + D\sin \omega_2 t$$

即

$$x_1(t) = A_1\cos(\omega_1 t - \varphi_1) - A_2\cos(\omega_2 t - \varphi_2)$$

$$x_2(t) = A_1\cos(\omega_1 t - \varphi_1) + A_2\cos(\omega_2 t - \varphi_2)$$

由上面的分析可知，二自由度无阻尼系统在某些特定的初始条件下的自由振动是简谐振动，此振动的特点是：系统的两个自由度以相同的频率振动，同时达到极值，同时为 0，它们之间的相位差为 0 或 π，它们的坐标之比是与系统的物理参数有关而与时间无关的常数。这类振动称为系统的固有振动，固有振动时的频率称为系统的固有频率，坐标之比称为固有振型，简称振型，与固有频率一一对应。由于二自由度系统存在两种频率的固有振动，因此有两个固有频率，两个固有振型。二自由度系统在任意初始条件下的无阻尼自由振动是这两个固有振动的线性组合。

直观显示每一个固有振动时各个坐标之间的相互位置关系的图形，称为振型图。不同类型振动系统的振型图选取方法可能不同。对于直线弹簧类振动系统，一般在与振动方向垂直的方向上表示，即将各个自由度的广义坐标逆时针旋转 90°，作为描述振型的坐标；根据固有振型各个分量的数值在对应的各个坐标上分别标注一个点，将各个广义坐标上这些点以及约束点依次用直线连接，即可得到振型图。图 3.3 所示二自由度振动系统的振型图如图 3.4 所示。

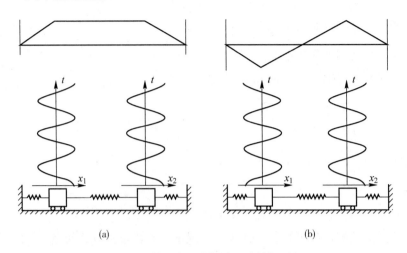

图 3.4　某二自由度振动系统的振型图

(a) 第一阶固有振型；(b) 第二阶固有振型

对于图 3.3 所示的振动系统，也可以直接从系统的运动微分方程出发求解系统的固有频率和振型。图 3.3 所示的振动系统的运动微分方程可以表示为

$$\begin{bmatrix} m & 0 \\ 0 & m \end{bmatrix} \begin{bmatrix} \ddot{x}_1 \\ \ddot{x}_2 \end{bmatrix} + \begin{bmatrix} k+k_1 & -k_1 \\ -k_1 & k+k_1 \end{bmatrix} \begin{bmatrix} x_1 \\ x_2 \end{bmatrix} = 0$$

由于系统的固有振动是简谐振动，固有振动时 2 个自由度的坐标之比为与时间无关的常数，因此可设系统固有振动时的解为

$$x_1(t) = A_1 \cos \omega t, \quad x_2(t) = A_2 \cos \omega t$$

A_1、A_2 是与时间 t 无关的常数，并且不可能都是 0，它们的大小待确定。则

$$\left(-\omega^2 \begin{bmatrix} m & 0 \\ 0 & m \end{bmatrix} + \begin{bmatrix} k+k_1 & -k_1 \\ -k_1 & k+k_1 \end{bmatrix} \right) \begin{bmatrix} A_1 \\ A_2 \end{bmatrix} = 0$$

这是以 A_1、A_2 为未知量的线性齐次代数方程组。要想得到 A_1、A_2 不全为 0 的解，方程系数矩阵行列式的值只能为 0，即

$$\begin{aligned}
\Delta(\omega^2) &= \begin{vmatrix} k+k_1-\omega^2 m & -k_1 \\ -k_1 & k+k_1-\omega^2 m \end{vmatrix} \\
&= (k+k_1-\omega^2 m)^2 - k_1^2 \\
&= (k+k_1-\omega^2 m + k_1)(k+k_1-\omega^2 m - k_1) \\
&= (k-\omega^2 m)(k+2k_1-\omega^2 m) \\
&= 0
\end{aligned}$$

由此可以得到系统的两个固有频率

$$\omega_1 = \sqrt{\frac{k}{m}}, \quad \omega_2 = \sqrt{\frac{k+2k_1}{m}}$$

将 ω_1 代入系统的振动微分方程，可得

$$\begin{bmatrix} k_1 & -k_1 \\ -k_1 & k_1 \end{bmatrix} \begin{bmatrix} A_{11} \\ A_{21} \end{bmatrix} = 0$$

令

$$\boldsymbol{u}_1 = \begin{bmatrix} u_{11} \\ u_{21} \end{bmatrix} = \begin{bmatrix} A_{11} \\ A_{21} \end{bmatrix}$$

$\boldsymbol{u}_1$ 即为与 ω_1 对应的第一阶振型，由此可得

$$k_1 u_{11} - k_1 u_{21} = 0$$
$$-k_1 u_{11} + k_1 u_{21} = 0$$

这两个方程只有一个是独立的，只能得到 u_{11}、u_{21} 的比值

$$\frac{u_{11}}{u_{21}} = 1$$

取

$$\boldsymbol{u}_1 = \begin{bmatrix} 1 \\ 1 \end{bmatrix}$$

将 ω_2 代入系统的振动微分方程，可得

$$\begin{bmatrix} -k_1 & -k_1 \\ -k_1 & -k_1 \end{bmatrix} \begin{bmatrix} A_{12} \\ A_{22} \end{bmatrix} = 0$$

令

$$\boldsymbol{u}_2 = \begin{bmatrix} u_{12} \\ u_{22} \end{bmatrix} = \begin{bmatrix} A_{12} \\ A_{22} \end{bmatrix}$$

可以得到 u_{12}、u_{22} 的比值

$$\frac{u_{12}}{u_{22}} = -1$$

取

$$\boldsymbol{u}_2 = \begin{bmatrix} -1 \\ 1 \end{bmatrix}$$

任意的二自由度无阻尼系统的固有频率、振型和自由振动响应的求解方法如下。

设系统的运动微分方程为

$$\boldsymbol{M}\ddot{\boldsymbol{x}} + \boldsymbol{K}\boldsymbol{x} = 0 \tag{3-8}$$

为研究问题更方便，假设系统的质量矩阵和刚度矩阵都是正定矩阵，即对于任意的非零矢量 $\boldsymbol{\mu}$，均有

$$\boldsymbol{\mu}^{\mathrm{T}} \boldsymbol{M} \boldsymbol{\mu} > 0, \quad \boldsymbol{\mu}^{\mathrm{T}} \boldsymbol{K} \boldsymbol{\mu} > 0$$

二自由度系统的振动响应可以表示为

$$x_1 = a_1 g(t), \quad x_2 = a_2 g(t)$$

这里的 a_1、a_2 与时间无关，而且不全为 0。设 $a_2 \neq 0$，则 a_1/a_2 与时间无关。解可以写成矢量的形式，即

$$\boldsymbol{x} = \boldsymbol{\mu} g(t)$$

其中：

$$\boldsymbol{\mu} = \begin{bmatrix} a_1 \\ a_2 \end{bmatrix}$$

代入式（3-8），则有

$$\boldsymbol{M}\boldsymbol{\mu}\ddot{g}(t) + \boldsymbol{K}\boldsymbol{\mu}g(t) = 0$$

两边左乘振型的转置，并设

$$\boldsymbol{\mu}^T \boldsymbol{M} \boldsymbol{\mu} = m_1, \quad \boldsymbol{\mu}^T \boldsymbol{K} \boldsymbol{\mu} = k_1$$

则

$$m_1 \ddot{g}(t) + k_1 g(t) = 0$$

由于 $\boldsymbol{M}$、$\boldsymbol{K}$ 均正定，故 m_1、k_1 均大于 0。故

$$g(t) = A\cos(\omega t - \varphi)$$

式中：

$$\omega = \sqrt{\frac{k_1}{m_1}}$$

即二自由度系统的固有振动一定是简谐振动，将 $g(t)$ 代入二自由度系统的振动微分方程，得

$$(\boldsymbol{K} - \omega^2 \boldsymbol{M})\boldsymbol{\mu} = 0 \tag{3-9}$$

在线性代数中，式（3-9）为广义特征值问题，它是关于振型 $\boldsymbol{\mu}$ 的线性齐次代数方程组。振型 $\boldsymbol{\mu}$ 有非零解的充分必要条件是系数矩阵的行列式为 0，即有

$$\Delta(\omega^2) = |\boldsymbol{K} - \omega^2 \boldsymbol{M}| = |k_{ij} - \omega^2 m_{ij}| = 0 \tag{3-10}$$

式（3-10）称为式（3-8）和式（3-9）的特征方程或频率方程。取正平方根 ω_1、ω_2，且 $\omega_1 \leq \omega_2$，则

$$\begin{aligned} (\boldsymbol{K} - \omega_1^2 \boldsymbol{M})\boldsymbol{\mu}_1 = 0 \\ (\boldsymbol{K} - \omega_2^2 \boldsymbol{M})\boldsymbol{\mu}_2 = 0 \end{aligned} \tag{3-11}$$

由式（3-11）可以看出，解 $\boldsymbol{\mu}_1$、$\boldsymbol{\mu}_2$ 乘上任一个非零的常数仍然满足式（3-11）。所以，如果把振动响应 $x(t)$ 作为矢量空间中随时间变化的矢量，则式（3-11）只给出了空间中的不随时间改变的一个方向，振型的大小需人为给定。

由式（3-10）和式（3-11）可以看出，固有频率和它所对应的振型完全由质量矩阵和刚度矩阵决定，而与外部激励无关。

令

$$\boldsymbol{\mu} = [\mu_1 \quad \mu_2] = \begin{bmatrix} u_{11} & u_{12} \\ u_{21} & u_{22} \end{bmatrix}$$

故方程（3-8）的解可以表示为

$$x(t) = \mu_1 A_1 \cos(\omega_1 t - \varphi_1) + \mu_2 A_2 \cos(\omega_2 t - \varphi_2)$$

$$= \boldsymbol{\mu} \begin{bmatrix} A_1 \cos(\omega_1 t - \varphi_1) \\ A_2 \cos(\omega_2 t - \varphi_2) \end{bmatrix} \tag{3-12}$$

如果初始条件为

$$x(0) = x_0, \quad \dot{x}(0) = \dot{x}_0$$

则有

$$\begin{cases} x(0) = x_0 = \boldsymbol{\mu} \begin{bmatrix} A_1 \cos \varphi_1 \\ A_2 \cos \varphi_2 \end{bmatrix} \\ \dot{x}(0) = \dot{x}_0 = \boldsymbol{\mu} \begin{bmatrix} A_1 \omega_1 \sin \varphi_1 \\ A_2 \omega_2 \sin \varphi_2 \end{bmatrix} \end{cases}$$

令

$$B = \begin{bmatrix} b_{11} & b_{12} \\ b_{21} & b_{22} \end{bmatrix} = \begin{bmatrix} A_1 \cos \varphi_1 & A_1 \omega_1 \sin \varphi_1 \\ A_2 \cos \varphi_2 & A_2 \omega_2 \sin \varphi_2 \end{bmatrix}$$

$$x_0 = [(x_0), \dot{x}_0] \tag{3-13}$$

式（3-13）可以写成矩阵形式，即

$$\boldsymbol{x}_0 = \boldsymbol{\mu} B$$

故

$$B = \boldsymbol{\mu}^{-1} \boldsymbol{x}_0$$

则

$$A_1^2 = b_{11}^2 + \left(\frac{b_{12}}{\omega_1}\right)^2, \quad \tan \varphi_1 = \frac{b_{12}}{b_{11}\omega_1}$$

$$A_2^2 = b_{12}^2 + \left(\frac{b_{22}}{\omega_2}\right)^2, \quad \tan \varphi_2 = \frac{b_{22}}{b_{21}\omega_2}$$

故任意二自由度系统无阻尼自由振动的解可以表示为

$$\begin{cases} g_1(t) = A_1 \cos(\omega_1 t - \varphi_1) \\ g_2(t) = A_2 \cos(\omega_2 t - \varphi_2) \end{cases}$$

例题 3.2 在如图 3.5 所示的汽车车身 m_2 与车轮 m_1 二自由度系统中，已知车身质量 m_2 的单自由度无阻尼自由振动的固有频率，即二自由度系统车身部分的固有频率 $\omega_2 = \sqrt{\frac{k_2}{m_2}} = 3\pi \text{rad/s}$，车身与车轮质量比 $\frac{m_2}{m_1} = 10$，轮胎刚度与支撑弹簧的刚度比 $\frac{k_1}{k_2} = 9$，试求系统的固有频率。

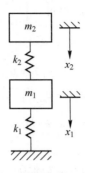

图 3.5 车身车轮简化二自由度模型

解： 汽车二自由度运动系统的微分方程可以表示为

$$\begin{cases} m_1\ddot{x}_1 + (k_1 + k_2)x_1 - k_2 x_2 = 0 \\ m_2\ddot{x}_2 + k_2 x_2 - k_2 x_1 = 0 \end{cases}$$

写成矩阵形式，则有

$$\begin{bmatrix} m_1 & 0 \\ 0 & m_2 \end{bmatrix} \begin{bmatrix} \ddot{x}_1 \\ \ddot{x}_2 \end{bmatrix} + \begin{bmatrix} k_1 + k_2 & -k_2 \\ -k_2 & k_2 \end{bmatrix} \begin{bmatrix} x_1 \\ x_2 \end{bmatrix} = 0$$

其特征多项式可以表示为

$$\begin{aligned} \Delta(\omega^2) &= \begin{bmatrix} k_1 + k_2 - \omega^2 m_1 & -k_2 \\ -k_2 & k_2 - \omega^2 m_2 \end{bmatrix} \\ &= (k_1 + k_2 - \omega^2 m_1)(k_2 - \omega^2 m_2) - k_2^2 \\ &= k_1 k_2 + k_2^2 - m_1 k_2 \omega^2 - m_2 k_1 \omega^2 - m_2 k_2 \omega^2 + m_1 m_2 \omega^4 - k_2^2 \\ &= m_1 m_2 \omega^4 - m_1 k_2 \omega^2 - m_2 k_1 \omega^2 - m_2 k_2 \omega^2 + k_1 k_2 \\ &= 0 \end{aligned}$$

又因为

$$\frac{m_2}{m_1} = 10$$

$$m_2 = 10 m_1$$

$$\omega_2 = \sqrt{\frac{k_2}{m_2}} = 3\pi$$

$$k_2 = 9\pi^2 m_2 = 90\pi^2 m_1$$

$$\frac{k_1}{k_2} = 9$$

$$k_1 = 9 k_2 = 810\pi^2 m_1$$

则

$$\begin{aligned}\Delta(\omega^2) &= m_1 m_2 \omega^4 + m_1 k_2 \omega^2 - m_2 k_1 \omega^2 - m_2 k_2 \omega^2 - k_1 k_2 \\
&= 10 m_1^2 \omega^4 - 90\pi^2 m_1^2 \omega^2 - 8\,100\pi^2 m_1^2 \omega^2 - 900\pi^2 m_1^2 \omega^2 + 72\,900\pi^4 m_1^2 \\
&= (10\omega^4 - 90\pi^2 \omega^2 - 8\,100\pi^2 \omega^2 - 900\pi^2 \omega^2 + 72\,900\pi^4) m_1^2 \\
&= (\omega^4 - 909\pi^2 \omega^2 + 7\,290\pi^4) 10 m_1^2 \\
&= 0\end{aligned}$$

所以，该二自由度汽车振动模型的固有频率为

$$\omega_1 = 30.015\pi, \quad \omega_1 = 2.845\pi$$

3.4 二自由度系统强迫振动

同单自由度系统强迫振动一样，二自由度系统在受到持续的激振力作用下也会产生强迫振动。在如图 3.6 所示的二自由度振动系统中，系统的阻尼 $c_1 = c_2 = c_3 = 0$，系统受到外部激励 $f_1(t) = F_1 \sin \omega t$ 及 $f_2(t) = F_2 \sin \omega t$ 的作用。

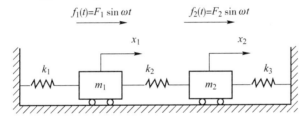

图 3.6 二自由度系统强迫振动

由牛顿第二定律可知，二自由度系统强迫振动的微分方程可以表示为

$$\begin{cases} m_1 \ddot{x}_1 + (k_1 + k_2) x_1 - k_2 x_2 = F_1 \sin \omega t \\ m_2 \ddot{x}_2 - k_2 x_1 + (k_2 + k_3) x_2 = F_2 \sin \omega t \end{cases}$$

令

$$a = \frac{k_1 + k_2}{m_1}, \quad b = \frac{k_1}{m_1}, \quad c = \frac{k_2}{m_2}, \quad d = \frac{k_2 + k_3}{m_2}, \quad q_1 = \frac{F_1}{m_1}, \quad q_2 = \frac{F_2}{m_2}$$

则上式可以转化为

$$\begin{cases} \ddot{x}_1 + a x_1 - b x_2 = q_1 \sin \omega t \\ \ddot{x}_2 - c x_1 + d x_2 = q_2 \sin \omega t \end{cases}$$

是二阶线性常系数非齐次微分方程组，由线性代数的知识可知，其通解主要包括两部分：一部分是对应的齐次方程组的解，另一部分是该非齐次方程组的一个特解，它是由激振力引起的强迫振动，即二自由度系统的稳态响应。齐次方程组的解已在 3.3 节中讨论过，下

面重点讨论系统的稳态响应。

设二自由度系统强迫振动微分方程的特解为

$$\begin{cases} x_1 = B_1 \sin \omega t \\ x_2 = B_2 \sin \omega t \end{cases}$$

式中：B_1、B_2 是 m_1、m_2 质量的振幅，为待定常数。故

$$\begin{cases} \dot{x}_1 = B_1 \omega \cos \omega t \\ \dot{x}_2 = B_2 \omega \cos \omega t \end{cases}$$

及

$$\begin{cases} \ddot{x}_1 = -B_1 \omega^2 \sin \omega t \\ \ddot{x}_2 = -B_2 \omega^2 \sin \omega t \end{cases}$$

代入二自由度系统强迫振动的微分方程，可得

$$\begin{cases} (a - \omega^2)B_1 - bB_2 = q_1 \\ -cB_1 + (d - \omega^2)B_2 = q_2 \end{cases}$$

求解该方程组，可得

$$\begin{cases} B_1 = \dfrac{(d - \omega^2)q_1 + bq_2}{\Delta \omega^2} \\ B_2 = \dfrac{cq_1 + (a - \omega^2)q_2}{\Delta \omega^2} \end{cases}$$

式中：$\Delta \omega^2 = (a - \omega^2)(d - \omega^2) - bc = \omega^4 - (a + d)\omega^2 + ad - bc$。

又由于二自由度系统强迫振动的微分方程对应的齐次方程的特征多项式为

$$\begin{aligned} \Delta(\omega^2) &= \begin{bmatrix} a - \omega^2 & -b \\ -c & d - \omega^2 \end{bmatrix} \\ &= (a - \omega^2)(d - \omega^2) - bc \\ &= \omega^4 - (a + d)\omega^2 + ad - bc \end{aligned}$$

因此二自由度系统的固有频率 ω_1、ω_2 满足关系式

$$\begin{cases} \omega_1^2 + \omega_2^2 = a + d \\ \omega_1^2 \omega_2^2 = ad - bc \end{cases}$$

故

$$\begin{aligned} \Delta \omega^2 &= \omega^4 - (\omega_1^2 + \omega_2^2)\omega^2 + \omega_1^2 \omega_2^2 \\ &= (\omega^2 - \omega_1^2)(\omega^2 - \omega_2^2) \end{aligned}$$

当外部激励频率 ω 与系统的固有频率 ω_1 或 ω_2 相等时，系统的振幅为无限大，即出现共振现象。在工程实际中，当激振频率和系统的任一阶固有频率相近时，系统都会产生共振。二自由度系统的强迫振动有两个共振频率。

由上面的分析可知，二自由度强迫振动的稳态响应为

$$\begin{cases} x_1 = B_1 \sin \omega t = \dfrac{(d - \omega^2)q_1 + bq_2}{(a - \omega^2)(d - \omega^2) - bc} \sin \omega t \\ x_2 = B_2 \sin \omega t = \dfrac{cq_1 + (a - \omega^2)q_2}{(a - \omega^2)(d - \omega^2) - bc} \sin \omega t \end{cases} \tag{3-14}$$

即二自由度系统在外部简谐激励的作用下，系统作与激振力频率相同的简谐振动。其振幅不仅取决于激振力的幅值、频率以及系统本身的物理性质，与系统的固有频率也有很大的关系。

由式（3-13）可知

$$\frac{B_1}{B_2} = \frac{(d - \omega^2)q_1 + bq_2}{cq_1 + (a - \omega^2)q_2}$$

在一定幅值和频率的激振力的作用下，二自由度系统的振幅比为确定值，即系统的振型是确定的。

习 题

一、判断题

1. 在多自由度系统中，各个自由度彼此相互联系，某一自由度的运动往往导致其他自由度随动。（　　）

2. 在多自由度振动系统中，通常把振动微分方程写成矩阵形式。（　　）

3. 二自由度振动系统的质量矩阵、阻尼矩阵和刚度矩阵都是二阶方阵，但方阵的阶数与自由度个数不一定相等。（　　）

4. 在各个离散质量上建立的坐标系为描述系统的物理坐标系，在物理坐标系下的系统的质量矩阵、阻尼矩阵和刚度矩阵为系统的物理参数。（　　）

5. 振动系统的性质不能由质量矩阵、刚度矩阵及阻尼矩阵来完全决定。（　　）

6. 二自由度振动系统的质量矩阵、刚度矩阵均是对称矩阵，但阻尼矩阵可能为非对称矩阵。（　　）

7. 二自由度系统的动能是质量矩阵的二次型。（　　）

8. 二自由度振动系统的势能是刚度矩阵的二次型。（　　）

9. 二自由度振动系统的能量耗散函数是阻尼矩阵的二次型。（　　）

10. 二自由度振动系统的质量矩阵、阻尼矩阵和刚度矩阵均是正定矩阵。（　　）

11. 如果振动系统的质量矩阵是非对角矩阵，则该振动系统存在刚性耦合。（　　）

12. 如果运动微分方程的阻尼矩阵是非对角矩阵，则该振动系统存在惯性耦合。（　　）

13. 如果运动微分方程的刚度矩阵为非对角矩阵，则方程存在弹性耦合。（　　）

14. 通常意义上，方程是否存在耦合和存在什么种类的耦合取决于系统本身，而不是取决于所选取的描述系统的广义坐标。（　　）

15. 系统的质量矩阵和刚度矩阵的具体形式与所选取的描述系统振动的广义坐标有

关,合适的广义坐标能够使二自由度振动系统的运动微分方程解耦。　　　(　　)

16. 要使多自由度振动系统的方程解耦,就需要寻找合适的描述系统振动的广义坐标系,使得系统的质量矩阵、阻尼矩阵和刚度矩阵在这个广义坐标系下为对角矩阵。(　　)

17. 二自由度系统存在两种频率的固有振动,因此有两个固有频率,两个固有振型。

(　　)

二、简答题

1. 采用能量法求解二自由度振动系统运动微分方程有什么优点?
2. 二自由度无阻尼系统的固有振动有何特点?
3. 何为振型图?

三、计算题

1. 试求图 3.7 所示的振动系统的固有频率和振型?已知 $m_1 = 3m_2$,$k_3 = 3k_1 = 3k_2$。

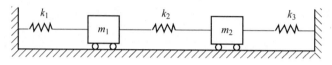

图 3.7　振动系统

2. 写出如图 3.8 所示的弹簧-质量系统的频率方程并求出固有频率和振型,画出振型图。

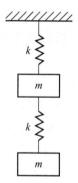

图 3.8　弹簧-质量系统

第4章 多自由度系统的振动

多自由度振动系统是指需通过两个以上的独立广义坐标才能描述运动特性的振动系统,现实中的振动问题都可以简化为多自由度振动模型进行研究。例如,当研究如图4.1所示的汽车在路面上行驶产生的上下运动时,如果将车、人等全部作为一个质量考虑,并考虑阻尼、弹簧的影响,可以构建如图4.2所示的单自由度振动模型,该模型较简单,没有考虑人与车、车与轮胎、轮胎与路面间的影响;如果将车、人的质量分别考虑,并考虑阻尼、弹簧的影响,可以构建如图4.3所示的二自由度振动模型,该模型较为精确,考虑了人与车的耦合运动,但仍未考虑车与轮胎、轮胎与路面间的影响;如果将车、轮胎、人的质量分别考虑,并考虑阻尼、弹簧的影响,则可以构建如图4.4所示的多自由度振动模型,该模型考虑了人与车、车与轮胎、轮胎与路面间的相互耦合关系。

图4.1 行驶在路面上的汽车

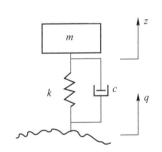

图4.2 汽车的单自由度振动模型

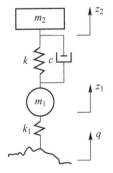

图4.3 汽车的二自由度振动模型

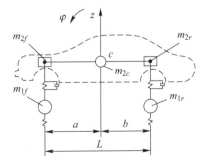

图4.4 汽车的多自由度振动模型

多自由度振动系统与二自由度振动系统的区别，主要体现在数量的增加和系统的复杂程度增加，用来描述系统的微分方程数量也随之增加。因此，在研究多自由度振动系统时，常常采用矩阵的形式进行分析。另外，对于多自由度振动系统，除了可以采用传统的数值解法外，还可以通过模态分析的方法进行研究。采用模态坐标或正则坐标变换可将多自由度相互耦合的微分方程组转换成一组相互独立的常微分方程组，从而利用单自由度的求解方法解决多自由度的振动问题。

4.1 多自由度系统的振动方程

多自由度系统的振动方程可以根据动力学原理或运用拉格朗日法建立，其一般形式可以表示为

$$M\ddot{x} + C\dot{x} + Kx = F \tag{4-1}$$

式中：M 为质量矩阵，对于 n 自由度振动系统而言，M 为 $n \times n$ 阶方阵；$\ddot{x}$ 为加速度矢量；C 为阻尼矩阵，对于 n 自由度振动系统而言，C 为 $n \times n$ 阶方阵；$\dot{x}$ 为速度矢量；K 为刚度矩阵，对于 n 自由度振动系统而言，K 为 $n \times n$ 阶方阵；x 为位移矢量；F 为外部激振力矢量。

多自由度系统的固有频率及固有振型可通过求解对应的多自由度振动系统无阻尼自由振动方程得到，即

$$M\ddot{x} + Kx = 0 \tag{4-2}$$

设式（4-2）解的一般形式可以表示为

$$x = X\sin(\omega t - \varphi)$$

则

$$\ddot{x} = -\omega^2 X\sin(\omega t - \varphi) = -\omega^2 x$$

把 x 和 $\ddot{x}$ 的表达式代入式（4-2），可得

$$M(-\omega^2 x) + Kx = (K - \omega^2 M)x = 0$$

其特征方程可以表示为

$$|K - \omega^2 M| = 0$$

将特征行列式展开后，得到一个关于 ω^2 的 n 阶多项式。对于正定系统（特征方程的所有特征值均为正值的系统），求解该式后可得到关于 ω^2 的 n 个大于 0 的正实根 $\omega_i^2(i = 1, 2, 3, \cdots, n)$，称为**特征值**；特征值开方后得到 n 个 $\omega_i(i = 1, 2, 3, \cdots, n)$，称为

系统的固有频率。一般情况下，这 n 个固有频率互不相等，可由小到大的顺序排列，即

$$0 \leqslant \omega_1 \leqslant \omega_2 \leqslant \cdots \leqslant \omega_n \tag{4-3}$$

式中：最低阶固有频率 ω_1 称为第 1 阶固有频率或基频；ω_2 称为第 2 阶固有频率；ω_n 称为第 n 阶固有频率。

系统的固有频率只与系统本身的物理特性 M、K 有关，而与外部激励及初始条件等无关。

将求得的 $\omega_i(i=1,2,\cdots,n)$ 代入特征多项式，可得到对应于每一个 ω_i 的非零矢量 x_i，即为对应于 ω_i 的固有振型。

例题 4.1 如图 4.5 所示的双质量-弹簧系统受激振力作用，不考虑各自的阻尼，试建立该振动系统的运动微分方程。

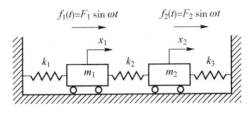

图 4.5 双质量-弹簧系统

解：建立坐标系，坐标原点取在各自静平衡位置。则该双质量-弹簧系统的运动微分方程可以表示为

$$\begin{cases} m_1 \ddot{x}_1 + k_1 x_1 + k_2(x_1 - x_2) = f_1(t) \\ m_2 \ddot{x}_2 - k_2(x_1 - x_2) + k_3 x_2 = f_2(t) \end{cases}$$

即

$$\begin{cases} m_1 \ddot{x}_1 + (k_1 + k_2)x_1 - k_2 x_2 = f_1(t) \\ m_2 \ddot{x}_2 - k_2 x_1 + (k_2 + k_3)x_2 = f_2(t) \end{cases}$$

写成矩阵的形式，有

$$\begin{bmatrix} m_1 & 0 \\ 0 & m_2 \end{bmatrix} \begin{bmatrix} \ddot{x}_1 \\ \ddot{x}_2 \end{bmatrix} + \begin{bmatrix} k_1 + k_2 & -k_2 \\ -k_2 & k_2 + k_3 \end{bmatrix} \begin{bmatrix} x_1 \\ x_2 \end{bmatrix} = \begin{bmatrix} f_1(t) \\ f_2(t) \end{bmatrix}$$

例题 4.2 试求如图 4.6 所示的三自由度振动系统的固有频率和主振型。

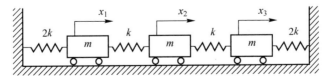

图 4.6 三自由度振动系统

解：建立坐标系，坐标原点取在各自静平衡位置。则该三自由度系统的运动微分方程可以表示为

$$\begin{cases} m\ddot{x}_1 + 2kx_1 + k(x_1 - x_2) = 0 \\ m\ddot{x}_2 - k(x_1 - x_2) + k(x_2 - x_3) = 0 \\ m\ddot{x}_3 - k(x_2 - x_3) + 2kx_3 = 0 \end{cases}$$

即

$$\begin{cases} m\ddot{x}_1 + 3kx_1 - kx_2 = 0 \\ m\ddot{x}_2 - kx_1 + 2kx_2 - kx_3 = 0 \\ m\ddot{x}_3 - kx_2 + 3kx_3 = 0 \end{cases}$$

写成矩阵的形式，有

$$\begin{bmatrix} m & 0 & 0 \\ 0 & m & 0 \\ 0 & 0 & m \end{bmatrix} \begin{bmatrix} \ddot{x}_1 \\ \ddot{x}_2 \\ \ddot{x}_3 \end{bmatrix} + \begin{bmatrix} 3k & -k & 0 \\ -k & 2k & -k \\ 0 & -k & 3k \end{bmatrix} \begin{bmatrix} x_1 \\ x_2 \\ x_3 \end{bmatrix} = \begin{bmatrix} 0 \\ 0 \\ 0 \end{bmatrix}$$

因此，其质量矩阵

$$\boldsymbol{M} = \begin{bmatrix} m & 0 & 0 \\ 0 & m & 0 \\ 0 & 0 & m \end{bmatrix}$$

其刚度矩阵

$$\boldsymbol{K} = \begin{bmatrix} 3k & -k & 0 \\ -k & 2k & -k \\ 0 & -k & 3k \end{bmatrix}$$

该振动系统的特征方程可以表示为

$$|\boldsymbol{K} - \omega^2 \boldsymbol{M}| = \begin{vmatrix} 3k - m\omega^2 & -k & 0 \\ -k & 2k - m\omega^2 & -k \\ 0 & -k & 3k - m\omega^2 \end{vmatrix} = 0$$

即

$$(3k - m\omega^2)(2k - m\omega^2)(3k - m\omega^2) - k^2(3k - m\omega^2) - k^2(3k - m\omega^2)$$
$$= (3k - m\omega^2)(6k^2 - 5km\omega^2 + m^2\omega^4 - 2k^2)$$
$$= (3k - m\omega^2)(4k^2 - 5km\omega^2 + m^2\omega^4)$$
$$= (3k - m\omega^2)(4k - m\omega^2)(k - m\omega^2)$$
$$= 0$$

故

$$\omega_1 = \sqrt{\frac{k}{m}}, \quad \omega_2 = \sqrt{\frac{3k}{m}}, \quad \omega_3 = 2\sqrt{\frac{k}{m}}$$

令 $x_3^{(i)}(i=1,2,3)=1$，并将 ω_1 代入 $(\boldsymbol{K}-\omega^2\boldsymbol{M})\boldsymbol{x}=0$，得

$$(\boldsymbol{K}-\omega_1^2\boldsymbol{M})\boldsymbol{x}^{(1)} = \begin{bmatrix} 3k-m\omega_1^2 & -k & 0 \\ -k & 2k-m\omega_1^2 & -k \\ 0 & -k & 3k-m\omega_1^2 \end{bmatrix}\begin{bmatrix} x_1^{(1)} \\ x_2^{(1)} \\ 1 \end{bmatrix}$$

$$= \begin{bmatrix} 2k & -k & 0 \\ -k & k & -k \\ 0 & -k & 2k \end{bmatrix}\begin{bmatrix} x_1^{(1)} \\ x_2^{(1)} \\ 1 \end{bmatrix}$$

$$= k\begin{bmatrix} 2 & -1 & 0 \\ -1 & 1 & -1 \\ 0 & -1 & 2 \end{bmatrix}\begin{bmatrix} x_1^{(1)} \\ x_2^{(1)} \\ 1 \end{bmatrix}$$

$$= 0$$

故

$$\boldsymbol{x}^{(1)} = \begin{bmatrix} x_1^{(1)} \\ x_2^{(1)} \\ 1 \end{bmatrix} = \begin{bmatrix} 1 \\ 2 \\ 1 \end{bmatrix}$$

将 ω_2 代入 $(\boldsymbol{K}-\omega^2\boldsymbol{M})\boldsymbol{x}=0$，得

$$(\boldsymbol{K}-\omega_2^2\boldsymbol{M})\boldsymbol{x}^{(2)} = \begin{bmatrix} 3k-m\omega_2^2 & -k & 0 \\ -k & 2k-m\omega_2^2 & -k \\ 0 & -k & 3k-m\omega_2^2 \end{bmatrix}\begin{bmatrix} x_1^{(2)} \\ x_2^{(2)} \\ 1 \end{bmatrix}$$

$$= \begin{bmatrix} 0 & -k & 0 \\ -k & -k & -k \\ 0 & -k & 0 \end{bmatrix}\begin{bmatrix} x_1^{(2)} \\ x_2^{(2)} \\ 1 \end{bmatrix}$$

$$= k\begin{bmatrix} 0 & -1 & 0 \\ -1 & -1 & -1 \\ 0 & -1 & 0 \end{bmatrix}\begin{bmatrix} x_1^{(2)} \\ x_2^{(2)} \\ 1 \end{bmatrix}$$

$$= 0$$

故

$$\boldsymbol{x}^{(2)} = \begin{bmatrix} x_1^{(2)} \\ x_2^{(2)} \\ 1 \end{bmatrix} = \begin{bmatrix} -1 \\ 0 \\ 1 \end{bmatrix}$$

将 ω_3 代入 $(\boldsymbol{K} - \omega^2 \boldsymbol{M})\boldsymbol{x} = 0$，得

$$(\boldsymbol{K} - \omega_3^2 \boldsymbol{M})\boldsymbol{x}^{(3)} = \begin{bmatrix} 3k - m\omega_3^2 & -k & 0 \\ -k & 2k - m\omega_3^2 & -k \\ 0 & -k & 3k - m\omega_3^2 \end{bmatrix} \begin{bmatrix} x_1^{(3)} \\ x_2^{(3)} \\ 1 \end{bmatrix}$$

$$= \begin{bmatrix} -k & -k & 0 \\ -k & -2k & -k \\ 0 & -k & -k \end{bmatrix} \begin{bmatrix} x_1^{(3)} \\ x_2^{(3)} \\ 1 \end{bmatrix}$$

$$= k \begin{bmatrix} -1 & -1 & 0 \\ -1 & -2 & -1 \\ 0 & -1 & -1 \end{bmatrix} \begin{bmatrix} x_1^{(3)} \\ x_2^{(3)} \\ 1 \end{bmatrix}$$

$$= 0$$

故

$$\boldsymbol{x}^{(3)} = \begin{bmatrix} x_1^{(3)} \\ x_2^{(3)} \\ 1 \end{bmatrix} = \begin{bmatrix} 1 \\ -1 \\ 1 \end{bmatrix}$$

则系统的模态振型可以表示为

$$\boldsymbol{x} = [\boldsymbol{x}^{(1)} \quad \boldsymbol{x}^{(2)} \quad \boldsymbol{x}^{(3)}] = \begin{bmatrix} 1 & -1 & 1 \\ 2 & 0 & -1 \\ 1 & 1 & 1 \end{bmatrix}$$

用 MATLAB 软件绘制该振动系统的三阶主振型如图 4.7 所示。

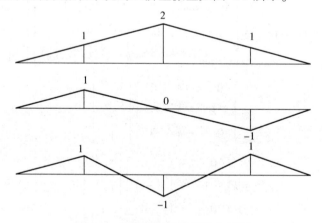

图 4.7　该振动系统的三阶主振型

4.2 拉格朗日方程法与影响系数法

多自由度系统的运动微分方程除了用经典的力学分析方法建立外，还常用拉格朗日方程法和影响系数法来建立。

4.2.1 拉格朗日方程法

拉格朗日法引入了广义坐标的概念，把力学体系的运动方程从以力为基本概念的牛顿形式改变为以能量为基本概念的分析力学模式，提出了适用于静力学和动力学的普遍方程。

n 自由度系统的拉格朗日方程可以表示为

$$\frac{\mathrm{d}}{\mathrm{d}t}\left(\frac{\partial L}{\partial \dot{q}_i}\right) - \frac{\partial L}{\partial q_i} = Q_i \tag{4-4}$$

式中：q_i 为系统的独立广义坐标，$i = 1, 2, \cdots, n$；Q_i 为系统非有势力的广义力，$i = 1, 2, \cdots, n$；L 为拉格朗日函数，且 $L = T - U$；T 为系统的动能；U 为系统的势能。

例题 4.3 在如图 4.8 所示的双质量-弹簧系统中，不考虑各自的阻尼，试用拉格朗日方程法建立该振动系统的运动微分方程。

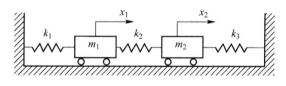

图 4.8 双质量-弹簧系统

解：建立坐标系，坐标原点取在各自静平衡位置。则系统的动能 T 可以表示为

$$T = \frac{1}{2}m_1\dot{x}_1^2 + \frac{1}{2}m_2\dot{x}_2^2$$

系统的势能 U 可以表示为

$$U = \frac{1}{2}k_1x_1^2 + \frac{1}{2}k_2(x_1 - x_2)^2 + \frac{1}{2}k_3x_2^2$$

拉格朗日函数 L 可以表示为

$$L = T - U$$
$$= \frac{1}{2}m_1\dot{x}_1^2 + \frac{1}{2}m_2\dot{x}_2^2 - \left[\frac{1}{2}k_1x_1^2 + \frac{1}{2}k_2(x_1 - x_2)^2 + \frac{1}{2}k_3x_2^2\right]$$
$$= \frac{1}{2}m_1\dot{x}_1^2 + \frac{1}{2}m_2\dot{x}_2^2 - \left(\frac{1}{2}k_1x_1^2 + \frac{1}{2}k_2x_1^2 - k_2x_1x_2 + \frac{1}{2}k_2x_2^2 + \frac{1}{2}k_3x_2^2\right)$$
$$= \frac{1}{2}m_1\dot{x}_1^2 + \frac{1}{2}m_2\dot{x}_2^2 - \frac{1}{2}(k_1+k_2)x_1^2 + k_2x_1x_2 - \frac{1}{2}(k_2+k_3)x_2^2$$

则

$$\frac{\partial L}{\partial x_1} = -(k_1+k_2)x_1 + k_2x_2$$
$$\frac{\partial L}{\partial x_2} = k_2x_1 - (k_2+k_3)x_2$$
$$\frac{d}{dt}\left(\frac{\partial L}{\partial \dot{x}_1}\right) = \frac{d}{dt}(m_1\dot{x}_1) = m_1\ddot{x}_1$$
$$\frac{d}{dt}\left(\frac{\partial L}{\partial \dot{x}_2}\right) = \frac{d}{dt}(m_2\dot{x}_2) = m_2\ddot{x}_2$$

由式（4-4）可得

$$\begin{cases} \dfrac{d}{dt}\left(\dfrac{\partial L}{\partial \dot{x}_1}\right) - \dfrac{\partial L}{\partial x_1} = m_1\ddot{x}_1 + (k_1+k_2)x_1 - k_2x_2 = 0 \\ \dfrac{d}{dt}\left(\dfrac{\partial L}{\partial \dot{x}_2}\right) - \dfrac{\partial L}{\partial x_2} = m_2\ddot{x}_2 - k_2x_1 + (k_2+k_3)x_2 = 0 \end{cases}$$

写成矩阵的形式，有

$$\begin{bmatrix} m_1 & 0 \\ 0 & m_2 \end{bmatrix}\begin{bmatrix} \ddot{x}_1 \\ \ddot{x}_2 \end{bmatrix} + \begin{bmatrix} k_1+k_2 & -k_2 \\ -k_2 & k_2+k_3 \end{bmatrix}\begin{bmatrix} x_1 \\ x_2 \end{bmatrix} = \begin{bmatrix} 0 \\ 0 \end{bmatrix}$$

拉格朗日方程法是建立微分方程的一种简单方法，该方法是先求出系统的动能、势能，进而得出质量矩阵和刚度矩阵。在建立系统微分方程的过程中，由于系统的动能和势能都是标量，因此无须考虑力的方向。

4.2.2 影响系数法

对于 n 自由度的振动系统，质量矩阵 M 为 $n \times n$ 阶矩阵，具有 $n \times n$ 个元素 m_{ij}，这些元素称为惯性影响系数。**惯性影响系数 m_{ij} 的定义为：使系统的第 j 个坐标产生单位加速度，而其他的坐标加速度为 0 时，在第 i 个坐标上所需施加的作用力的大小。即 $\ddot{x}_j = 1$，$\ddot{x}_r = 0(r = 1, 2, \cdots, n，但 r \neq j)$ 时，在第 i 个坐标上所需施加作用力的大小。**

假设外力以准静态方式施加于系统，这时没有加速度，即 $\ddot{x} = 0$
则多自由度无阻尼强迫振动方程

$$\boldsymbol{M}\ddot{\boldsymbol{x}} + \boldsymbol{K}\boldsymbol{x} = \boldsymbol{P} \tag{4-5}$$

可以转化为

$$Kx = P \tag{4-6}$$

假设作用于系统的外力使系统只在第 j 个坐标上产生单位位移，而在其他坐标上都不产生位移，则产生的位移矢量可以表示为

$$x = [x_1 \ \cdots \ x_{j-1} \ x_j \ x_{j+1} \ \cdots \ x_n]^T = [0 \ \cdots \ 0 \ 1 \ 0 \ \cdots \ 0]^T \tag{4-7}$$

则由式（4-6）、式（4-7），可得

$$P = \begin{bmatrix} k_{11} & \cdots & k_{1j} & \cdots & k_{1n} \\ k_{21} & \cdots & k_{2j} & \cdots & k_{2n} \\ \vdots & & \vdots & & \vdots \\ k_{n1} & \cdots & k_{nj} & \cdots & k_{nn} \end{bmatrix} \begin{bmatrix} 0 \\ \vdots \\ 0 \\ 1 \\ 0 \\ \vdots \\ 0 \end{bmatrix} = \begin{bmatrix} k_{1j} \\ k_{2j} \\ \vdots \\ k_{nj} \end{bmatrix} \tag{4-8}$$

由式（4-8）可知，施加的外力在数值上正是刚度矩阵 K 的第 j 列，其中 k_{ij} 是在第 i 个坐标上施加的力。

刚度影响系数 k_{ij} 的物理意义：刚度矩阵 K 中的元素 k_{ij} 是使系统仅在第 j 个坐标上产生单位位移而相应在第 i 个坐标上所需施加的力。同理，质量影响系数 m_{ij} 的物理意义：质量矩阵 M 中元素是使系统仅在第 j 个坐标上产生单位加速度时而相应在第 i 个坐标上所需施加的力。

例题 4.4 在如图 4.9 所示的三自由度振动系统中，不考虑各自的阻尼，试用刚度影响系数法建立该振动系统的运动微分方程。

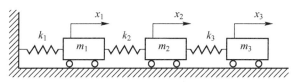

图 4.9 三自由度振动系统

解：只考虑静态，令

$$x_1 = 1, \quad x_2 = x_3 = 0$$

要使系统在该条件下平衡，根据刚度影响系数法的定义，需在 3 个物体上施加 3 个不同的力 k_{11}、k_{21}、k_{31}，如图 4.10 所示。

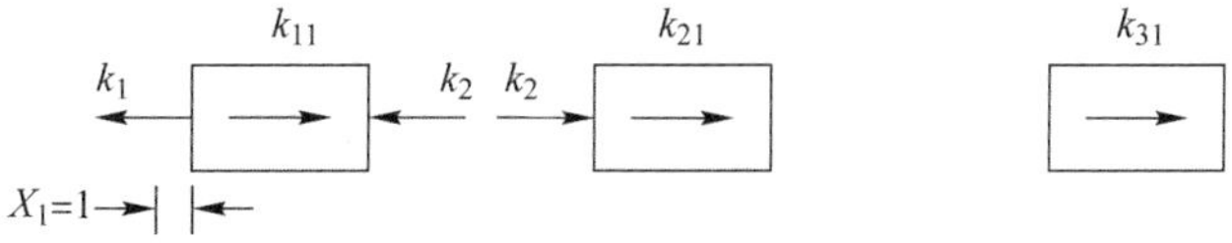

图 4.10 物体受力分析图（$x_1 = 1$，$x_2 = x_3 = 0$）

根据平衡条件，可得

$$\begin{cases} k_{11} = k_1 + k_2 \\ k_{21} = -k_2 \\ k_{31} = 0 \end{cases}$$

同理，令
$$x_1 = 0, \quad x_2 = 1, \quad x_3 = 0$$

要使系统在该条件下平衡，根据刚度影响系数法的定义，需在 3 个物体上施加 3 个不同的力 k_{12}、k_{22}、k_{32}，如图 4.11 所示。

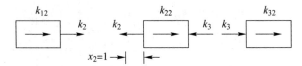

图 4.11 物体受力分析图 ($x_1 = 0$, $x_2 = 1$, $x_3 = 0$)

根据平衡条件，可得
$$\begin{cases} k_{12} = -k_2 \\ k_{22} = k_2 + k_3 \\ k_{32} = -k_3 \end{cases}$$

令
$$x_1 = x_2 = 0, \quad x_3 = 1$$

要使系统在该条件下平衡，根据刚度影响系数法的定义，需在 3 个物体上施加 3 个不同的力 k_{13}、k_{23}、k_{33}，如图 4.12 所示。

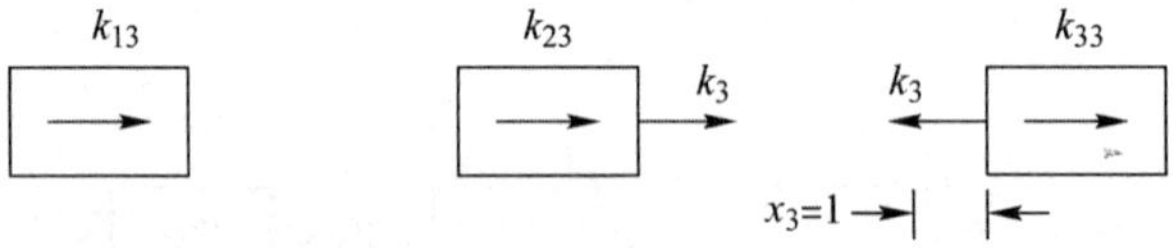

图 4.12 物体受力分析图 ($x_1 = x_2 = 0$, $x_3 = 1$)

根据平衡条件，可得
$$\begin{cases} k_{13} = 0 \\ k_{23} = -k_3 \\ k_{33} = k_3 \end{cases}$$

因此，系统的刚度矩阵 $\boldsymbol{K}$ 可以表示为
$$\boldsymbol{K} = \begin{bmatrix} k_1 + k_2 & -k_2 & 0 \\ -k_2 & k_2 + k_3 & -k_3 \\ 0 & -k_3 & k_3 \end{bmatrix}$$

只考虑动态，令
$$\ddot{\boldsymbol{x}}_1 = \begin{bmatrix} 1 & 0 & 0 \end{bmatrix}^{\mathrm{T}}$$

要使系统在该条件下平衡，根据刚度影响系数法的定义，需在3个物体上施加3个不同的力 m_{11}、m_{12}、m_{13}，如图4.13所示。

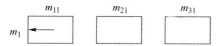

图4.13 物体受力分析图（$\ddot{x} = \begin{bmatrix} 1 & 0 & 0 \end{bmatrix}^{\mathrm{T}}$）

根据平衡条件，可得

$$\begin{cases} m_{11} = m_1 \\ m_{12} = 0 \\ m_{13} = 0 \end{cases}$$

同理，令

$$\ddot{x} = \begin{bmatrix} 0 & 1 & 0 \end{bmatrix}^{\mathrm{T}}$$

要使系统在该条件下平衡，根据刚度影响系数法的定义，需在3个物体上施加3个不同的力 m_{12}、m_{22}、m_{32}，如图4.14所示。

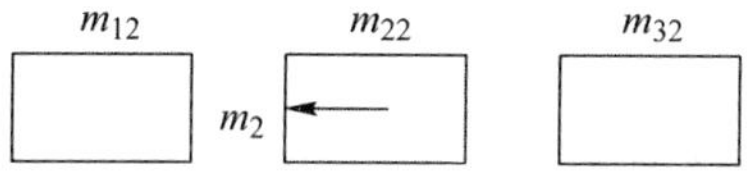

图4.14 物体受力分析图（$\ddot{x} = \begin{bmatrix} 0 & 1 & 0 \end{bmatrix}^{\mathrm{T}}$）

根据平衡条件，可得

$$\begin{cases} m_{12} = 0 \\ m_{22} = m_2 \\ m_{32} = 0 \end{cases}$$

令

$$\ddot{x} = \begin{bmatrix} 0 & 0 & 1 \end{bmatrix}^{\mathrm{T}}$$

要使系统在该条件下平衡，根据刚度影响系数法的定义，需在3个物体上施加3个不同的力 m_{31}、m_{32}、m_{33}，如图4.15所示。

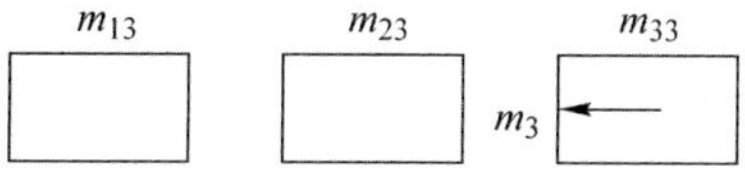

图4.15 物体受力分析图（$\ddot{x} = \begin{bmatrix} 0 & 0 & 1 \end{bmatrix}^{\mathrm{T}}$）

根据平衡条件，可得

$$\begin{cases} m_{13} = 0 \\ m_{23} = 0 \\ m_{33} = m_3 \end{cases}$$

因此，系统的质量矩阵 M 可以表示为

$$M = \begin{bmatrix} m_1 & 0 & 0 \\ 0 & m_2 & 0 \\ 0 & 0 & m_3 \end{bmatrix}$$

则系统的运动微分方程可以表示为

$$\begin{bmatrix} m_1 & 0 & 0 \\ 0 & m_2 & 0 \\ 0 & 0 & m_3 \end{bmatrix} \begin{bmatrix} \ddot{x}_1 \\ \ddot{x}_2 \\ \ddot{x}_3 \end{bmatrix} + \begin{bmatrix} k_1+k_2 & -k_2 & 0 \\ -k_2 & k_2+k_3 & -k_3 \\ 0 & -k_3 & k_3 \end{bmatrix} \begin{bmatrix} x_1 \\ x_2 \\ x_3 \end{bmatrix} = \begin{bmatrix} 0 \\ 0 \\ 0 \end{bmatrix}$$

4.3 固有振型的正交性、模态坐标和正则坐标

多自由度振动系统的运动微分方程可根据动力学原理表达成如下形式

$$M\ddot{x} + C\dot{x} + Kx = F \tag{4-9}$$

对于 n 自由度系统，其惯性矩阵 M、阻尼矩阵 C、刚度矩阵 K 均为 $n \times n$ 阶方阵，其固有频率及固有振型可通过求解系统的无阻尼自由振动方程得到。多自由度无阻尼自由振动系统的运动微分方程可以表示为

$$M\ddot{x} + Kx = 0 \tag{4-10}$$

一般情况下，多自由度振动系统的 n 个固有频率是互不相等的（特殊情况除外），将各个固有频率按照从小到大的顺序排列，可以表示为

$$0 \leqslant \omega_1 \leqslant \omega_2 \leqslant \cdots \leqslant \omega_n \tag{4-11}$$

式中：最低阶固有频率 ω_1 称为第 1 阶固有频率或基频；ω_2 称为第 2 阶固有频率；ω_n 称为第 n 阶固有频率。

式 (4-10) 的特征方程可以表示为

$$(K - \omega^2 M)A = 0 \tag{4-12}$$

对应于固有频率 ω_i 可以求得对应的特征矢量 $A^{(i)}$ 满足关系式

$$(K - \omega_i^2 M)A^{(i)} = 0 \tag{4-13}$$

式中：$A^{(i)}$ 为对应于 ω_i 的特征矢量。它表示系统在以频率 ω_i 作自由振动时，各物块振幅的相对大小，称为第 i 阶主振型，也称为固有振型或主模态。

对于任何一个 n 自由度振动系统而言，总存在 n 个固有频率及与之对应的 n 阶主振

型，该 n 阶主振型可以表示为

$$\boldsymbol{A}^{(1)} = \begin{bmatrix} A_1^{(1)} \\ A_2^{(1)} \\ \vdots \\ A_n^{(1)} \end{bmatrix}, \boldsymbol{A}^{(2)} = \begin{bmatrix} A_1^{(2)} \\ A_2^{(2)} \\ \vdots \\ A_n^{(2)} \end{bmatrix}, \cdots, \boldsymbol{A}^{(n)} = \begin{bmatrix} A_1^{(n)} \\ A_2^{(n)} \\ \vdots \\ A_n^{(n)} \end{bmatrix} \tag{4-14}$$

令 $A_n^{(i)} = 1$，则第 i 阶主振型矢量可以表示为

$$\boldsymbol{A}^{(i)} = \begin{bmatrix} A_1^{(i)} & A_2^{(i)} & 1 \end{bmatrix} \tag{4-15}$$

在主振型矢量中，规定某个元素的值为 1，进而确定其他元素的过程称为归一化。

例题 4.5 在如图 4.16 所示的三自由度振动系统中，设 $k_1 = k_2 = k_3 = k$，$m_1 = m_2 = m$，$m_3 = 2m$，试求系统的固有频率和主振型。

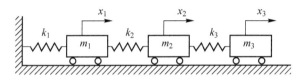

图 4.16 三自由度振动系统

解： 设 x_1，x_2，x_3 分别为第一、第二、第三个质量块的位移，方向如图 4-9 所示。则对于三自由度系统，系统的动能 T 可以表示为

$$\begin{aligned} T &= \frac{1}{2} m_1 \dot{x}_1^2 + \frac{1}{2} m_2 \dot{x}_2^2 + \frac{1}{2} m_3 \dot{x}_3^2 \\ &= \frac{1}{2} m \dot{x}_1^2 + \frac{1}{2} m \dot{x}_2^2 + \frac{1}{2} (2m) \dot{x}_3^2 \\ &= \frac{1}{2} m \dot{x}_1^2 + \frac{1}{2} m \dot{x}_2^2 + m \dot{x}_3^2 \end{aligned}$$

系统的势能 U 可以表示为

$$\begin{aligned} U &= \frac{1}{2} k_1 x_1^2 + \frac{1}{2} k_2 (x_1 - x_2)2 + \frac{1}{2} k_3 (x_2 - x_3)2 \\ &= \frac{1}{2} k x_1^2 + \frac{1}{2} k (x_1^2 - 2 x_1 x_2 + x_2^2) + \frac{1}{2} k (x_2^2 - 2 x_2 x_3 + x_3^2) \\ &= k x_1^2 + k x_2^2 + \frac{1}{2} k x_3^2 - k x_1 x_2 - k x_2 x_3 \end{aligned}$$

拉格朗日函数 L 可以表示为

$$L = T - U$$
$$= \frac{1}{2}m\dot{x}_1^2 + \frac{1}{2}m\dot{x}_2^2 + m\dot{x}_3^2 - (kx_1^2 + kx_2^2 + \frac{1}{2}kx_3^2 - kx_1x_2 - kx_2x_3)$$
$$= \frac{1}{2}m\dot{x}_1^2 + \frac{1}{2}m\dot{x}_2^2 + m\dot{x}_3^2 - kx_1^2 - kx_2^2 - \frac{1}{2}kx_3^2 + kx_1x_2 + kx_2x_3$$

所以

$$\frac{\partial L}{\partial x_1} = -2kx_1 + kx_2$$

$$\frac{\partial L}{\partial x_2} = kx_1 - 2kx_2 + kx_3$$

$$\frac{\partial L}{\partial x_3} = kx_2 - kx_3$$

$$\frac{d}{dt}\left(\frac{\partial L}{\partial \dot{x}_1}\right) = \frac{d}{dt}(m\dot{x}_1) = m\ddot{x}_1$$

$$\frac{d}{dt}\left(\frac{\partial L}{\partial \dot{x}_2}\right) = \frac{d}{dt}(m\dot{x}_2) = m\ddot{x}_2$$

$$\frac{d}{dt}\left(\frac{\partial L}{\partial \dot{x}_3}\right) = \frac{d}{dt}(2m\dot{x}_3) = 2m\ddot{x}_3$$

所以，该三自由度振动系统的微分方程可以表示为

$$\begin{cases} \frac{d}{dt}\left(\frac{\partial L}{\partial \dot{x}_1}\right) - \frac{\partial L}{\partial x_1} = m\ddot{x}_1 + 2kx_1 - kx_2 = 0 \\ \frac{d}{dt}\left(\frac{\partial L}{\partial \dot{x}_2}\right) - \frac{\partial L}{\partial x_2} = m\ddot{x}_2 - kx_1 + 2kx_2 - kx_3 = 0 \\ \frac{d}{dt}\left(\frac{\partial L}{\partial \dot{x}_3}\right) - \frac{\partial L}{\partial x_3} = 2m\ddot{x}_3 - kx_2 + kx_3 = 0 \end{cases}$$

写成矩阵形式，有

$$\begin{bmatrix} m & 0 & 0 \\ 0 & m & 0 \\ 0 & 0 & 2m \end{bmatrix} \begin{bmatrix} \ddot{x}_1 \\ \ddot{x}_2 \\ \ddot{x}_3 \end{bmatrix} + \begin{bmatrix} 2k & -k & 0 \\ -k & 2k & -k \\ 0 & -k & k \end{bmatrix} \begin{bmatrix} x_1 \\ x_2 \\ x_3 \end{bmatrix} = \begin{bmatrix} 0 \\ 0 \\ 0 \end{bmatrix}$$

该三自由度系统的质量矩阵 M 可以表示为

$$M = \begin{bmatrix} m & 0 & 0 \\ 0 & m & 0 \\ 0 & 0 & 2m \end{bmatrix}$$

刚度矩阵 K 可以表示为

$$K = \begin{bmatrix} 2k & -k & 0 \\ -k & 2k & -k \\ 0 & -k & k \end{bmatrix}$$

则该三自由度振动系统的特征行列式可以表示为

$$\begin{vmatrix} 2k - m\omega^2 & -k & 0 \\ -k & 2k - m\omega^2 & -k \\ 0 & -k & k - 2m\omega^2 \end{vmatrix} = 0$$

即

$$(2k - m\omega^2)(2k - m\omega^2)(k - 2m\omega^2) - k^2(2k - m\omega^2) - k^2(k - 2m\omega^2) = 0$$

$$2\omega^6 - 9\frac{k}{m}\omega^4 + 9\left(\frac{k}{m}\right)^2 \omega^2 - \left(\frac{k}{m}\right)^3 = 0$$

对该方程的求解，采用 MATLAB 软件实现，其求解程序为

```
>> roots([2,-9,9,-1])

ans =

    3.1007
    1.2725
    0.1267
```

故该特征方程的解为

$$\omega_1^2 = 0.126\,7\,\frac{k}{m}, \qquad \omega_2^2 = 1.272\,5\,\frac{k}{m}, \qquad \omega_3^2 = 3.100\,7\,\frac{k}{m}$$

所以，该三自由度振动系统的三阶固有频率分别为

$$\omega_1 = 0.355\,9\sqrt{\frac{k}{m}}, \qquad \omega_2 = 1.128\,1\sqrt{\frac{k}{m}}, \qquad \omega_3 = 1.760\,9\sqrt{\frac{k}{m}}$$

将 ω_1、ω_2、ω_3 代入特征方程（4-11），可得

$$\begin{bmatrix} 2k - m\omega_1^2 & -k & 0 \\ -k & 2k - m\omega_1^2 & -k \\ 0 & -k & k - 2m\omega_1^2 \end{bmatrix} \begin{bmatrix} A_1^{(1)} \\ A_2^{(1)} \\ A_3^{(1)} \end{bmatrix} = 0$$

$$\begin{bmatrix} 2k - m\omega_2^2 & -k & 0 \\ -k & 2k - m\omega_2^2 & -k \\ 0 & -k & k - 2m\omega_2^2 \end{bmatrix} \begin{bmatrix} A_1^{(2)} \\ A_2^{(2)} \\ A_3^{(2)} \end{bmatrix} = 0$$

$$\begin{bmatrix} 2k - m\omega_3^2 & -k & 0 \\ -k & 2k - m\omega_3^2 & -k \\ 0 & -k & k - 2m\omega_3^2 \end{bmatrix} \begin{bmatrix} A_1^{(3)} \\ A_2^{(3)} \\ A_3^{(3)} \end{bmatrix} = 0$$

并令 $A_1^{(i)} = 1$（$i = 1, 2, 3$），可得该三自由度系统的主振型为

$$A^{(1)} = \begin{bmatrix} 1 \\ 1.8733 \\ 2.5092 \end{bmatrix}, A^{(2)} = \begin{bmatrix} 1 \\ 0.7274 \\ -0.4709 \end{bmatrix}, A^{(3)} = \begin{bmatrix} 1 \\ -1.1007 \\ 0.2115 \end{bmatrix}$$

用 MATLAB 软件把 3 个主振型在一张图上表示出来，如图 4.17 所示。

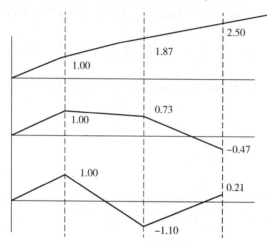

图 4.17　用 MATLAB 表示 3 个主振型

n 自由度的振动系统，具有 n 个固有频率和与之对应的 n 阶主振型，且这些主振型之间存在着关于质量矩阵和刚度矩阵的正交性。

对于 n 自由度振动系统，ω_i、ω_j 为振动系统的第 i、j 阶固有频率，A_i、A_j 为对应于固有频率 ω_i、ω_j 的振型，则有

$$\begin{cases} (\boldsymbol{K} - \omega_i^2 \boldsymbol{M})\boldsymbol{A}^{(i)} = 0 \\ (\boldsymbol{K} - \omega_j^2 \boldsymbol{M})\boldsymbol{A}^{(j)} = 0 \end{cases} \tag{4-16}$$

即

$$\boldsymbol{K}\boldsymbol{A}^{(i)} = \omega_i^2 \boldsymbol{M}\boldsymbol{A}^{(i)} \tag{4-17}$$

$$\boldsymbol{K}\boldsymbol{A}^{(j)} = \omega_j^2 \boldsymbol{M}\boldsymbol{A}^{(j)} \tag{4-18}$$

式（4-17）转置，然后在等式两边右乘 $\boldsymbol{A}^{(j)}$，得

$$(\boldsymbol{A}^{(i)})^{\mathrm{T}} \boldsymbol{K}^{\mathrm{T}} \boldsymbol{A}^{(j)} = (\boldsymbol{A}^{(i)})^{\mathrm{T}} \boldsymbol{M}^{\mathrm{T}} (\omega_i^2)^{\mathrm{T}} \boldsymbol{A}^{(j)} \tag{4-19}$$

由于质量矩阵 $\boldsymbol{M}$、刚度矩阵 $\boldsymbol{K}$ 皆为对称矩阵，且 ω_i^2 为对称的常数矩阵，故

$$(\boldsymbol{A}^{(i)})^{\mathrm{T}} \boldsymbol{K} \boldsymbol{A}^{(j)} = \omega_i^2 (\boldsymbol{A}^{(i)})^{\mathrm{T}} \boldsymbol{M} \boldsymbol{A}^{(j)} \tag{4-20}$$

同样，在等式（4-18）两边左乘 $(\boldsymbol{A}^{(i)})^{\mathrm{T}}$，可得

$$(\boldsymbol{A}^{(i)})^{\mathrm{T}}\boldsymbol{K}\boldsymbol{A}^{(j)} = \omega_j^2 (\boldsymbol{A}^{(i)})^{\mathrm{T}}\boldsymbol{M}\boldsymbol{A}^{(j)} \tag{4-21}$$

式 (4-20) 减去式 (4-21), 可得

$$(\omega_i^2 - \omega_j^2)(\boldsymbol{A}^{(i)})^{\mathrm{T}}\boldsymbol{M}\boldsymbol{A}^{(j)} = 0 \tag{4-22}$$

由于 $i \neq j$ 且 $\omega_i \neq \omega_j$, 故

$$(\boldsymbol{A}^{(i)})^{\mathrm{T}}\boldsymbol{M}\boldsymbol{A}^{(j)} = 0, \quad (\boldsymbol{A}^{(i)})^{\mathrm{T}}\boldsymbol{K}\boldsymbol{A}^{(j)} = 0 \tag{4-23}$$

式 (4-23) 表明, 不同固有频率的主振型之间, 既关于质量矩阵相互正交, 又关于刚度矩阵相互正交, 这就是**主振型的正交性**。同样可以证明, 固有频率为 0 时对应的主振型也必定与系统的其他主振型关于质量矩阵和刚度矩阵正交。

对于 $i = j$, 令

$$(\boldsymbol{A}^{(i)})^{\mathrm{T}}\boldsymbol{M}\boldsymbol{A}^{(i)} = M_i, \quad (\boldsymbol{A}^{(i)})^{\mathrm{T}}\boldsymbol{K}\boldsymbol{A}^{(i)} = K_i \quad (i = 1, 2, \cdots, n) \tag{4-24}$$

令 $j = i$, 则由式 (4-21) 可得

$$\omega_i^2 = \frac{(\boldsymbol{A}^{(i)})^{\mathrm{T}}\boldsymbol{K}\boldsymbol{A}^{(i)}}{(\boldsymbol{A}^{(i)})^{\mathrm{T}}\boldsymbol{M}\boldsymbol{A}^{(i)}} = \frac{K_i}{M_i} \quad (i = 1, 2, \cdots, n) \tag{4-25}$$

K_i 称为第 i 阶主刚度或第 i 阶模态刚度; M_i 称为第 i 阶主质量或第 i 阶模态质量。

由于主振型的正交性, **不同阶的主振型之间不存在动能的转换**, 或者说不存在惯性耦合。同样, 由于第 i 阶固有振动的广义弹性力在第 j 阶固有振动的微小位移上的元功之和也等于零, 因此**不同阶固有振动之间也不存在势能的转换**, 或者说不存在弹性耦合。

对于每一个主振型来说, 它的动能和势能之和是一个常数。在运动过程中, 每个主振型内部的动能和势能可以互相转化, 但各阶主振型之间不会发生能量的传递。因此, **从能量的观点看, 各阶主振型是互相独立的, 这就是主振型正交性的物理意义**。

以各阶主振型矢量为列, 按顺序排成 $n \times n$ 阶方阵, 称此方阵为主振型矩阵或模态矩阵, 即

$$\boldsymbol{A}_p = [\boldsymbol{A}^{(1)}\boldsymbol{A}^{(2)}\cdots\boldsymbol{A}^{(n)}] = \begin{bmatrix} A_1^{(1)} & A_1^{(2)} & \cdots & A_1^{(n)} \\ A_2^{(1)} & A_2^{(2)} & \cdots & A_2^{(n)} \\ \vdots & \vdots & & \vdots \\ A_n^{(1)} & A_n^{(2)} & \cdots & A_n^{(n)} \end{bmatrix} \tag{4-26}$$

根据主振型的正交性, 可以导出主振型矩阵的两个性质

$$\boldsymbol{A}_p^{\mathrm{T}}\boldsymbol{M}\boldsymbol{A}_p = \boldsymbol{M}_p, \quad \boldsymbol{A}_p^{\mathrm{T}}\boldsymbol{K}\boldsymbol{A}_p = \boldsymbol{K}_p \tag{4-27}$$

式中: $\boldsymbol{K}_p$、$\boldsymbol{M}_p$ 分别为主刚度矩阵、主质量矩阵, 且

$$\boldsymbol{M}_p = \begin{bmatrix} M_1 & & & \\ & M_2 & & \\ & & \ddots & \\ & & & M_n \end{bmatrix}, \quad \boldsymbol{K}_p = \begin{bmatrix} K_1 & & & \\ & K_2 & & \\ & & \ddots & \\ & & & K_n \end{bmatrix} \tag{4-28}$$

使 $\boldsymbol{M}_p$ 由对角阵变换为单位阵, 令第 i 阶正则振型

$$\boldsymbol{A}_N^{(i)} = \frac{1}{\sqrt{M_i}}\boldsymbol{A}_p^{(i)} \tag{4-29}$$

则振动系统的正则振型存在以下正交关系

$$(A_N^{(i)})^{\mathrm{T}} K A_N^{(j)} = \begin{cases} \omega_i^2, & i = j \\ 0, & i \neq j \end{cases} \tag{4-30}$$

$$(A_N^{(i)})^{\mathrm{T}} M A_N^{(j)} = \begin{cases} 1, & i = j \\ 0, & i \neq j \end{cases} \tag{4-31}$$

以各阶正则振型为列，依次排列成一个 $n \times n$ 阶方阵，称此方阵为正则振型矩阵，即

$$A_N = [A_N^{(1)} A_N^{(2)} \cdots A_N^{(n)}] = \begin{bmatrix} A_{N1}^{(1)} & A_{N1}^{(2)} & \cdots & A_{N1}^{(n)} \\ A_{N2}^{(1)} & A_{N2}^{(2)} & \cdots & A_{N2}^{(n)} \\ \vdots & \vdots & & \vdots \\ A_{Nn}^{(1)} & A_{Nn}^{(2)} & \cdots & A_{Nn}^{(n)} \end{bmatrix} \tag{4-32}$$

由振型的正交性可以得出正则矩阵的两个性质

$$\left. \begin{array}{l} A_N^{\mathrm{T}} M A_N = I = \begin{bmatrix} 1 & & & \\ & 1 & & \\ & & \ddots & \\ & & & 1 \end{bmatrix} \\ A_N^{\mathrm{T}} K A_N = \Omega^2 = \begin{bmatrix} \omega_1^2 & & & \\ & \omega_2^2 & & \\ & & \ddots & \\ & & & \omega_n^2 \end{bmatrix} \end{array} \right\} \tag{4-33}$$

式中：Ω^2 称为谱矩阵。

一般情况下，由于具有有限个自由度振动系统的质量矩阵和刚度矩阵都不是对角阵，因此系统的运动微分方程中既有动力耦合又有静力耦合。对于 n 自由度无阻尼振动系统，有可能选择一组特殊坐标，使方程中不出现耦合项（即质量矩阵和刚度矩阵都是对角阵），这样每个方程可以视为单自由度问题，称这组坐标为**主坐标**或**模态坐标**。

由前面的知识可知，主振型矩阵 A_P 与正则振型矩阵 A_N，均可使系统的质量矩阵和刚度矩阵转换成对角阵。因此，可利用主振型矩阵或正则振型矩阵进行坐标变换，以寻求主坐标或正则坐标。

用正则振型矩阵 A_N 进行坐标变换，即设 $x = A_N x_N$，代入振动系统微分方程式

$$M\ddot{x} + Kx = 0$$

则

$$M A_N \ddot{x}_N + K A_N x_N = 0$$

两边同时左乘 A_N^{T}，得

$$A_N^{\mathrm{T}} M A_N \ddot{x}_N + A_N^{\mathrm{T}} K A_N x_N = 0$$

故

$$\ddot{x}_N + \Omega^2 x_N = 0 \tag{4-34}$$

即
$$\ddot{x}_{Ni} + \omega_i^2 x_{Ni} = 0 \quad (i = 1, 2, \cdots, n)$$

例题 4.6 试求例题 4.5 中系统的主振型矩阵和正则振型矩阵。

解：将例题 4.5 中求得的各阶主振型依次排列成方阵，得到该三自由度振动系统的主振型矩阵

$$A_p = [A^{(1)} A^{(2)} A^{(3)}] = \begin{bmatrix} 1 & 1 & 1 \\ 1.8733 & 0.7274 & -1.1007 \\ 2.5092 & -0.4709 & 0.2115 \end{bmatrix}$$

由系统的质量矩阵

$$M = \begin{bmatrix} m & 0 & 0 \\ 0 & m & 0 \\ 0 & 0 & 2m \end{bmatrix}$$

可得系统的主质量矩阵

$$M_p = A_p^T M A_p$$

$$= \begin{bmatrix} 1 & 1.8733 & 2.5092 \\ 1 & 0.7274 & -0.4709 \\ 1 & -1.1007 & 0.2115 \end{bmatrix} \begin{bmatrix} m & 0 & 0 \\ 0 & m & 0 \\ 0 & 0 & 2m \end{bmatrix} \begin{bmatrix} 1 & 1 & 1 \\ 1.8733 & 0.7274 & -1.1007 \\ 2.5092 & -0.4709 & 0.2115 \end{bmatrix}$$

$$= \begin{bmatrix} m & 1.8733m & 5.0184m \\ m & 0.7274m & -0.9418m \\ m & -1.1007m & 0.423m \end{bmatrix} \begin{bmatrix} 1 & 1 & 1 \\ 1.8733 & 0.7274 & -1.1007 \\ 2.5092 & -0.4709 & 0.2115 \end{bmatrix}$$

$$= \begin{bmatrix} 17.1014m & 0 & 0 \\ 0 & 1.9726m & 0 \\ 0 & 0 & 2.301m \end{bmatrix}$$

系统的各阶正则振型

$$A_N^{(1)} = \frac{1}{\sqrt{M_1}} A_p^{(1)} = \frac{0.2418}{\sqrt{m}} A_p^{(1)}$$

$$A_N^{(2)} = \frac{1}{\sqrt{M_2}} A_p^{(2)} = \frac{0.7120}{\sqrt{m}} A_p^{(2)}$$

$$A_N^{(3)} = \frac{1}{\sqrt{M_3}} A_p^{(3)} = \frac{0.6592}{\sqrt{m}} A_p^{(3)}$$

得到该振动系统的正则矩阵

$$A_N = [A_N^{(1)} A_N^{(2)} A_N^{(3)}]$$

$$= \frac{1}{\sqrt{m}} \begin{bmatrix} 0.2418 & 0.712 & 0.6592 \\ 0.4530 & 0.5179 & -0.7256 \\ 0.6067 & -0.3353 & 0.1394 \end{bmatrix}$$

由系统的刚度矩阵

$$\boldsymbol{k} = \begin{bmatrix} 2k & -k & 0 \\ -k & 2k & -k \\ 0 & -k & k \end{bmatrix} = k \begin{bmatrix} 2 & -1 & 0 \\ -1 & 2 & -1 \\ 0 & -1 & 1 \end{bmatrix}$$

得到系统的谱矩阵

$$\boldsymbol{\Omega}^2 = \boldsymbol{A}_N^{\mathrm{T}} \boldsymbol{K} \boldsymbol{A}_N$$

$$= \frac{k}{m} \begin{bmatrix} 0.2418 & 0.4530 & 0.6067 \\ 0.712 & 0.5179 & -0.3353 \\ 0.6592 & -0.7256 & 0.1394 \end{bmatrix} \begin{bmatrix} 2 & -1 & 0 \\ -1 & 2 & -1 \\ 0 & -1 & 1 \end{bmatrix} \begin{bmatrix} 0.2418 & 0.712 & 0.6592 \\ 0.4530 & 0.5179 & -0.7256 \\ 0.6067 & -0.3353 & 0.1394 \end{bmatrix}$$

$$= \frac{k}{m} \begin{bmatrix} 0.0306 & 0.0575 & 0.1537 \\ 0.9061 & 0.6591 & -0.8532 \\ 2.0440 & -2.2498 & 0.8650 \end{bmatrix} \begin{bmatrix} 1 & 1 & 1 \\ 1.8733 & 0.7274 & -1.1007 \\ 2.5092 & -0.4709 & 0.2115 \end{bmatrix}$$

$$= \frac{k}{m} \begin{bmatrix} 0.1267 & 0 & 0 \\ 0 & 1.2726 & 0 \\ 0 & 0 & 3.1004 \end{bmatrix}$$

则根据式 (4-34) 得到以正则坐标表示的系统运动方程

$$\begin{cases} \ddot{x}_{N1} + 0.1267 x_{N1} = 0 \\ \ddot{x}_{N2} + 1.2726 x_{N2} = 0 \\ \ddot{x}_{N3} + 3.1004 x_{N3} = 0 \end{cases}$$

在上面的讨论中，假设了系统的固有频率均不相等，系统的每一个固有频率对应于一个主振型。实际上，在复杂的振动系统中也会出现两个或两个以上频率相等或相近的情形，这时对应于该频率的主振型就不能唯一地确定。

为了研究这种情况，假设系统的频率方程有二重根 ω_1、ω_2，即假设

$$\omega_1 = \omega_2 = \omega_0$$

ω_1 对应的主振型为 $\boldsymbol{A}^{(1)}$，ω_2 对应的主振型为 $\boldsymbol{A}^{(2)}$，则

$$\boldsymbol{K}\boldsymbol{A}^{(1)} = \omega_0^2 \boldsymbol{M}\boldsymbol{A}^{(1)}, \quad \boldsymbol{K}\boldsymbol{A}^{(2)} = \omega_0^2 \boldsymbol{M}\boldsymbol{A}^{(2)}$$

设 a、b 为任意常数，且满足

$$\boldsymbol{A}^{(0)} = a\boldsymbol{A}^{(1)} + b\boldsymbol{A}^{(2)}$$

则

$$\begin{aligned} \boldsymbol{K}\boldsymbol{A}^{(0)} &= \boldsymbol{K}(a\boldsymbol{A}^{(1)} + b\boldsymbol{A}^{(2)}) = a\omega_0^2 \boldsymbol{M}\boldsymbol{A}^{(1)} + b\omega_0^2 \boldsymbol{M}\boldsymbol{A}^{(2)} \\ &= \omega_0^2 \boldsymbol{M}(a\boldsymbol{A}^{(1)} + b\boldsymbol{A}^{(2)}) = \omega_0^2 \boldsymbol{M}\boldsymbol{A}^{(0)} \end{aligned} \quad (4\text{-}35)$$

式 (4-35) 表明，对应于频率 ω_0 的主振型不能唯一地确定。

因此，当系统具有重根时，其等固有频率的主振型要根据各振型间的正交性来确定。不仅所选定的 $\boldsymbol{A}^{(1)}$ 和 $\boldsymbol{A}^{(2)}$ 之间应满足对 $\boldsymbol{M}$、$\boldsymbol{K}$ 的正交关系，而且还必须满足与其他振型间关于 $\boldsymbol{M}$、$\boldsymbol{K}$ 的正交关系。

例题 4.7 在如图 4.18 所示的振动系统中，两个质量均为 m 的质点由一无重量的刚性杆相连，且两质点又分别与刚度系数为 k 的弹簧相连。试求该系统的固有频率及主振型。

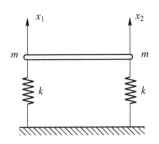

图 4.18　二质量系统振动模型

解：以系统的静平衡位置为坐标原点，建立坐标 x_1、x_2。
则对于该二质量系统，系统的动能 T 可以表示为

$$T = \frac{1}{2}m\dot{x}_1^2 + \frac{1}{2}m\dot{x}_2^2$$

系统的势能 U 可以表示为

$$U = \frac{1}{2}k_1 x_1^2 + \frac{1}{2}k_2 x_2^2$$
$$= \frac{1}{2}k x_1^2 + \frac{1}{2}k x_2^2$$

拉格朗日函数 L 可以表示为

$$L = T - U$$
$$= \frac{1}{2}m\dot{x}_1^2 + \frac{1}{2}m\dot{x}_2^2 - \frac{1}{2}k x_1^2 - \frac{1}{2}k x_2^2$$

所以

$$\frac{\partial L}{\partial x_1} = -k x_1$$

$$\frac{\partial L}{\partial x_2} = -k x_2$$

$$\frac{\mathrm{d}}{\mathrm{d}t}\left(\frac{\partial L}{\partial \dot{x}_1}\right) = \frac{\mathrm{d}}{\mathrm{d}t}(m\dot{x}_1) = m\ddot{x}_1$$

$$\frac{\mathrm{d}}{\mathrm{d}t}\left(\frac{\partial L}{\partial \dot{x}_2}\right) = \frac{\mathrm{d}}{\mathrm{d}t}(m\dot{x}_2) = m\ddot{x}_2$$

所以，该三自由度振动系统的微分方程可以表示为

$$\begin{cases} \dfrac{\mathrm{d}}{\mathrm{d}t}\left(\dfrac{\partial L}{\partial \dot{x}_1}\right) - \dfrac{\partial L}{\partial x_1} = m\ddot{x}_1 + k x_1 = 0 \\ \dfrac{\mathrm{d}}{\mathrm{d}t}\left(\dfrac{\partial L}{\partial \dot{x}_2}\right) - \dfrac{\partial L}{\partial x_2} = m\ddot{x}_2 + k x_2 = 0 \end{cases}$$

写成矩阵形式，有

$$\begin{bmatrix} m & 0 \\ 0 & m \end{bmatrix} \begin{bmatrix} \ddot{x}_1 \\ \ddot{x}_2 \end{bmatrix} + \begin{bmatrix} k & 0 \\ 0 & k \end{bmatrix} \begin{bmatrix} x_1 \\ x_2 \end{bmatrix} = \begin{bmatrix} 0 \\ 0 \end{bmatrix}$$

该三自由度系统的质量矩阵 M 可以表示为

$$M = \begin{bmatrix} m & 0 \\ 0 & m \end{bmatrix}$$

刚度矩阵 K 可以表示为

$$K = \begin{bmatrix} k & 0 \\ 0 & k \end{bmatrix}$$

则该二质量振动系统的特征行列式可以表示为

$$\begin{vmatrix} k - m\omega^2 & 0 \\ 0 & k - m\omega^2 \end{vmatrix} = 0$$

得到系统的两个重根

$$\omega_1 = \omega_2 = \sqrt{\frac{k}{m}}$$

系统的主振型需由正交化法获得。由于该二质量振动系统主要有两种运动（平动和转动），故设

$$A^{(1)} = \begin{bmatrix} 1 \\ 1 \end{bmatrix}, \quad A^{(2)} = \begin{bmatrix} 1 \\ -1 \end{bmatrix}$$

然后用振型关于 M、K 的正交性来校核振型的合理化。

$$(A^{(1)})^T M A^{(1)} = \begin{bmatrix} 1 & 1 \end{bmatrix} \begin{bmatrix} m & 0 \\ 0 & m \end{bmatrix} \begin{bmatrix} 1 \\ 1 \end{bmatrix} = \begin{bmatrix} m & m \end{bmatrix} \begin{bmatrix} 1 \\ 1 \end{bmatrix} = 2m \neq 0$$

$$(A^{(1)})^T M A^{(2)} = \begin{bmatrix} 1 & 1 \end{bmatrix} \begin{bmatrix} m & 0 \\ 0 & m \end{bmatrix} \begin{bmatrix} 1 \\ -1 \end{bmatrix} = \begin{bmatrix} m & m \end{bmatrix} \begin{bmatrix} 1 \\ -1 \end{bmatrix} = 0$$

故 $A^{(1)}$ 和 $A^{(2)}$ 是该二质量系统的一组正交主振型。需要注意的是，这种相互独立正交的主振型组可以有无穷多组。

习 题

一、判断题

1. 多自由度振动振动系统是指需通过两个以上的独立广义坐标才能描述运动特性的振动系统。（　　）

2. 多自由度振动系统与二自由度振动系统，主要区别是数量的增加和系统的复杂程度增加，用来描述系统的微分方程数量也随之增加。（　　）

3. 系统的固有频率，只与系统本身的物理特性有关，而与外部激励及初始条件等无关。（　　）

4. n 个固有频率的平方为对角线元素组成的特征值矩阵及各固有振型为列组成的模态矩阵构成了系统的模态振型。（　　）

5. 拉格朗日法引入了广义坐标的概念，把力学体系的运动方程从以力为基本概念的牛顿形式改变为以能量为基本概念的分析力学模式，提出了适用于静力学和动力学的普遍

方程。（　）

6. 拉格朗日方程法是建立微分方程的一种简单方法。该方法先求出系统的动能、势能，进而得出质量矩阵和刚度矩阵。这样，在建立系统微分方程的过程中，由于系统的动能和势能都是标量，不需要考虑力的方向。（　）

7. 惯性影响系数 m_{ij} 的定义为：使系统的第 i 个坐标产生单位加速度，而其余的坐标加速度为 0 时，在第 j 个坐标上所需施加的作用力的大小。（　）

8. 刚度影响系数 k_{ij} 的物理意义：使系统仅在第 j 个坐标上产生单位位移而相应在第 i 个坐标上所需施加的力。（　）

9. 质量影响系数 m_{ij} 的物理意义：使系统仅在第 i 个坐标上产生单位加速度时而相应在第 j 个坐标上所需施加的力。（　）

10. 在主振型矢量中，规定某个元素的值为 1，进而确定其余元素的过程称为归一化。（　）

11. n 自由度的振动系统，具有 n 个固有频率和与之对应的 n 阶主振型，且这些主振型之间存在着关于质量矩阵和刚度矩阵的正交性。（　）

12. 对应于不同固有频率的主振型之间，既关于质量矩阵相互正交，又关于刚度矩阵相互正交，这就是主振型的正交性。（　）

13. 固有频率为 0 时对应的主振型也必定与系统的其他主振型关于质量矩阵和刚度矩阵正交。（　）

14. 不同阶的主振动之间存在动能的转换，或者说存在惯性耦合。（　）

15. 不同阶固有振动之间存在势能的转换，或者说存在弹性耦合。（　）

16. 对于每一个主振动来说，它的动能和势能之和是一个常数。（　）

17. 在运动过程中，每个主振动内部的动能和势能可以互相转化，但各阶主振动之间不会发生能量的传递。（　）

18. 当系统具有重根时，其等固有频率的主振型要根据各振型间的正交性来确定。（　）

二、选择题

1. 一无阻尼三自由度系统，其运动微分方程可以表示为

$$\begin{bmatrix} 2m & 0 & 0 \\ 0 & m & 0 \\ 0 & 0 & 2m \end{bmatrix} \begin{Bmatrix} \ddot{x}_1 \\ \ddot{x}_2 \\ \ddot{x}_3 \end{Bmatrix} + \begin{bmatrix} 4k & -k & 0 \\ -k & 2k & -k \\ 0 & -k & 4k \end{bmatrix} \begin{Bmatrix} x_1 \\ x_2 \\ x_3 \end{Bmatrix} = \begin{bmatrix} 0 \\ 0 \\ 0 \end{bmatrix}$$

则该系统的主振型矩阵可以表示为（　　）。

A. $\begin{bmatrix} 1 & 0 & 1 \\ 2 & 0 & -2 \\ 1 & -1 & 1 \end{bmatrix}$ 　　B. $\begin{bmatrix} 1 & 1 & 1 \\ 2 & 0 & -2 \\ 1 & 1 & 1 \end{bmatrix}$

C. $\begin{bmatrix} 1 & 1 & 1 \\ 2 & 0 & -2 \\ 1 & -1 & 1 \end{bmatrix}$ D. $\begin{bmatrix} 1 & 1 & 1 \\ 2 & 0 & 2 \\ 1 & 1 & 1 \end{bmatrix}$

2. 一无阻尼三自由度系统，其运动微分方程可以表示为

$$\begin{bmatrix} 2m & 0 & 0 \\ 0 & m & 0 \\ 0 & 0 & 2m \end{bmatrix} \begin{Bmatrix} \ddot{x}_1 \\ \ddot{x}_2 \\ \ddot{x}_3 \end{Bmatrix} + \begin{bmatrix} 4k & -k & 0 \\ -k & 2k & -k \\ 0 & -k & 4k \end{bmatrix} \begin{Bmatrix} x_1 \\ x_2 \\ x_3 \end{Bmatrix} = \begin{Bmatrix} 0 \\ 0 \\ 0 \end{Bmatrix}$$

则该系统的主质量矩阵可以表示为（　　）。

A. $m\begin{bmatrix} 8 & 1 & 3 \\ 1 & 4 & 0 \\ 3 & 0 & 8 \end{bmatrix}$ B. $m\begin{bmatrix} 8 & 0 & 0 \\ 0 & 4 & 0 \\ 0 & 0 & 8 \end{bmatrix}$

C. $m\begin{bmatrix} 2 & 0 & 0 \\ 0 & 1 & 0 \\ 0 & 0 & 2 \end{bmatrix}$ D. $m\begin{bmatrix} 8 & 0 & 1 \\ 0 & 4 & 0 \\ 1 & 0 & 8 \end{bmatrix}$

3. 一无阻尼三自由度系统，其运动微分方程可以表示为

$$\begin{bmatrix} 2m & 0 & 0 \\ 0 & m & 0 \\ 0 & 0 & 2m \end{bmatrix} \begin{Bmatrix} \ddot{x}_1 \\ \ddot{x}_2 \\ \ddot{x}_3 \end{Bmatrix} + \begin{bmatrix} 4k & -k & 0 \\ -k & 2k & -k \\ 0 & -k & 4k \end{bmatrix} \begin{Bmatrix} x_1 \\ x_2 \\ x_3 \end{Bmatrix} = \begin{Bmatrix} 0 \\ 0 \\ 0 \end{Bmatrix}$$

则该系统的主刚度矩阵可以表示为（　　）。

A. $k\begin{bmatrix} 8 & 1 & 3 \\ 1 & 8 & 0 \\ 3 & 0 & 24 \end{bmatrix}$ B. $k\begin{bmatrix} 8 & 0 & 0 \\ 0 & 4 & 0 \\ 0 & 0 & 8 \end{bmatrix}$

C. $k\begin{bmatrix} 2 & 0 & 0 \\ 0 & 1 & 0 \\ 0 & 0 & 2 \end{bmatrix}$ D. $k\begin{bmatrix} 8 & 0 & 0 \\ 0 & 8 & 0 \\ 0 & 0 & 24 \end{bmatrix}$

三、简答题

1. 主振型正交性的物理意义是什么？
2. 何为模态矩阵？
3. 何为正则振型矩阵？
4. 何为模态坐标？

四、计算题

1. 计算图 4.19 所示振动系统的运动微分方程。

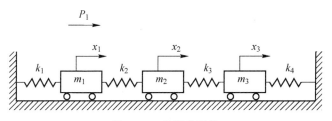

图 4.19 某振动系统

2. 在如图 4.20 所示的振动系统中，各个质量只能沿铅锤方向运动，假设 $m_1 = m_2 = m_3 = m$，$k_1 = k_2 = k_3 = k_4 = k_5 = k_6 = k$，试求系统的固有频率及振型。

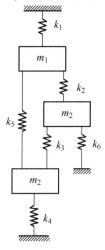

图 4.20 某振动系统

3. 如图 4.21 所示不计质量的钢杆，长度为 $2l$，在其中点和左端附以质量 m_1、m_2，两端的弹簧刚度为 k_1、k_2。求此系统的运动方程。

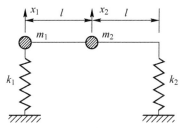

图 4.21 某振动系统

4. 推导如图 4.22 所示系统的运动微分方程。

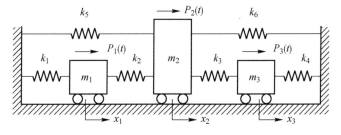

图 4.22 某振动系统

第 5 章 随机振动

随机振动在车辆工程中广泛存在，车辆行驶时由于路面不平引起的振动就是一个典型的随机振动的例子。对于一个具体的振动问题，引起结构振动的因素的复杂程度不一样。对于确定性振动，人们已经清楚地了解了振动的原因，当外界条件重现时，在预定的时刻就会重现预定的振动，即确定性振动中的物理量在将来某一时刻的值是可以预测的。对于随机振动，由于造成振动的因素复杂多样，因此很难以相同的条件重现振动，即振动的物理量没有重复性，无法预测其在将来某一时刻的具体数值。随机振动服从概率统计规律，随机振动的振动规律能且仅能通过概率统计方法描述。与确定性振动不同，随机振动只能得到振动系统激励和响应的统计值。

5.1 随机振动概述

中国有句成语"随机应变"，前两个字的意思是随着时机或情况变化，后两个字的意思是灵活应付。所以，"随机"就是指时机和情况是多变的或事先不能确定的。也就是说，它可能是这样，也可能是那样。所谓"应变"，是指物理量随时间变化的情况。在确定性振动中，振动系统的任何一个随时间改变的物理量都是可以准确地确定其变化的。对于一个振动系统，它的输入又称振源或激励，若系统所产生的振动（也称为对这个输入的响应）是随机的，则这种振动称为**随机振动**。随机振动中涉及的随时间改变的物理量就是**随机过程**。在随机振动中，振动系统的物理量是无法事先预知的，但其变化服从统计规律特性。

随机振动与规则振动的本质区别在于：随机振动一般指的不是单个的振动现象，而是着眼于大量的振动现象。在这大量的振动现象的集合中，就单个现象来看似乎是杂乱的、无规则的，但从总体来看，他们之间却存在着一定的统计规律性。因此，它的规律虽然不能用时间的确定函数来描述，但却能用概率论和统计动力学的方法来描述。

例如，假设汽车在相同的试验条件下重复行驶（相同的道路、车辆、乘员及载重量，驾驶员操作条件相同），在驾驶员座椅处安放加速度传感器以测量驾驶员座椅处垂直方向的加速度，该加速度随时间的变化量 $a(t)$ 就是一个随机过程。汽车每行驶一次，无论是否测量，驾驶员座椅处都有一个随时间变化的加速度 $a_r(t)$，称为随机过程 $a(t)$ 的一个**样本函数**。从时域的角度看，每个样本函数是互不相同的，测得的样本函数即已知变化规律的样本函数称为随机过程的一个**实现**。如果测出了 n 个样本函数，就意味着已经知道了随机过程 $a(t)$ 的 n 个实现。但对没实现的样本函数，仍无法知道其随时间变化的情况。当然，没有"实现"的样本函数也是在同样的试验条件下驾驶员座椅处的垂直加速度响应，与已"实现"的样本函数之间有必然的联系。只是这种联系只能用概率统计的方法揭示。因此，问题归结于从已知的样本函数 $a_r(t)$ 找出随机过程 $a(t)$ 的变化规律，该规律是不确定性的，只是统计意义上的。

理论上，样本函数 $a_r(t)$ 的定义域为 $[-\infty, +\infty]$，但在实际中只能得到 $a_r(t)$ 在一段时间区间内的值，如在区间 $[0, T]$ 内样本函数的情况：$a_r(t)$，$t \in [0, T]$，称为随机过程 $a(t)$ 的一个**记录**。

由上面的分析可知，任何一个随机过程 $X(t)$ 是一系列样本函数的集合，记为

$$X(t) = \{x_r(t)\} \quad (r = 1, 2, \cdots, n) \tag{5-1}$$

随机过程 $X(t)$ 还可以从另一个角度考虑。给定任一时刻 t_1，$X(t_1)$ 是一个随机变量，其取值范围是随机过程 $X(t)$ 所有的样本函数 $x_r(t)$ 在时刻 t_1 的值的全体 $\{x_r(t_1)\}$。称随机变量 $X(t_1)$ 为随机过程 $X(t)$ 在时刻 t_1 的截口或状态。随着所取的 t_1 不同，可以得到无穷多个随机变量。此时，可以认为随机过程是由无穷多个随机变量构成的随机变量系，这些随机变量之间是有密切联系的。

产生振动的原因有内因和外因，内因是系统本身的结构特征（包括质量、弹性、阻尼等），外因是系统以外的物体对系统的激励作用（如初位移、初速度、冲击、周期性干扰力或随机干扰力等）。只要这些因素有一个是随机的，则该系统的振动必定是随机振动。

引起随机振动的主要原因是随机干扰，常见的随机干扰主要包括以下四种：

（1）固体的接触表面凹凸不平。例如，路面（公路、水泥路、柏油路、乡村土路等）的高低不平，车辆在这种高低不平的路面上行驶时，就会受到随机激励进而产生随机振动。

（2）流体对固体表面的作用。工程中有不少的结构物是处于某种流体之内的，如舰船、飞行器等，也有不少工程机械里面含有流体，如发动机、压缩机、鼓风机等，当流体与所接触的固体表面间有相对运动，且其相对速度是随机变化的，会对固体表面产生随机干扰。

（3）由燃烧放热不均匀引起的压力变化。在发动机燃烧室内，由于燃烧放热不均匀而引起局部压力在空间和时间上做随机变化，因此会产生噪声和机件的随机振动。

（4）由撞击及地层的突聚运动。不规则的撞击会使机件产生随机振动，地层的突聚运动是产生地震的主要原因，故地震也是一种复杂的随机振动。

总之，随机振动不同于一般的自由振动和受迫振动，其特点可以归纳如下：

(1) 随机振动没有固定的周期，不能用简单函数的线性组合来描述其运动规律；

(2) 对于确定的时间，振动的三要素（振幅、频率、相位）不可能事先知道，且它们本身也是随机的；

(3) 在相同条件下，进行一系列的测试，各次记录结果不可能一样。

5.2 随机振动的数字特征

随机过程可以从两个不同的角度描述。首先，由于随机过程是样本函数的集合，因此可以通过逐个描述每个样本函数得到随机过程的性质，这种描述称为时域描述。因为时域描述是对样本函数进行统计平均，所以又称之为样本平均。其次，由于随机过程是随机变量系，因此可以用描述随机变量的方法来描述随机过程。又因为描述随机变量要涉及整个样本函数集，故该种描述又称为集合平均。

可以用 n 维概率分布函数或 n 维概率密度函数在时域或由集合描述随机过程，即可以采用随机过程的样本函数和随机变量系的概率分布函数或概率密度函数两种方法来描述随机过程统计量。但对现实中的许多随机振动问题，确定随机过程的概率分布函数或概率密度函数是很困难的。因此，在研究实际的随机振动问题时多采用数字特征来描述随机过程。工程中常用的描述随机振动的数字特征主要如下。

1) 均值

均值也即数学期望。设 $X(t)$ 是一个随机过程，在给定的时刻 t_1，$X(t_1)$ 是随机变量，它的均值一般与给定的时刻 t_1 有关，即

$$\mu_x(t_1) = \int_{-\infty}^{+\infty} x p(x, t_1) \mathrm{d}x \tag{5-2}$$

式中：$\mu_x(t_1)$ 为随机变量 $X(t)$ 的所有样本在 t_1 时刻取值的集合平均；$p(x, t_1)$ 为随机变量 $X(t_1)$ 的一维概率密度函数。

$X(t_1)$ 的均值也就是 $X(t_1)$ 的数学期望，也可以表示为

$$\mu_x(t_1) = E[X(t_1)] = \int_{-\infty}^{+\infty} x p(x, t_1) \mathrm{d}x \tag{5-3}$$

由于被积函数是 x 的一次方与概率密度函数的乘积，故均值是随机变量的一次矩。对于在相同条件下得到的一系列样本函数 $x_r(t)$，它们是等概率的。此时，均值可以写成

$$\mu_x(t_1) = E[X(t_1)] = \lim_{N \to \infty} \frac{1}{N} \sum_{i=1}^{N} x_i(t_1) \tag{5-4}$$

对随机过程 $X(t)$ 的任一个样本函数 $x_r(t)$，其在时域内的平均值可以表示为

$$\mu_{xr} = \lim_{T \to \infty} \frac{1}{T} \int_{-\frac{T}{2}}^{+\frac{T}{2}} x_r(t) \mathrm{d}t \tag{5-5}$$

随机振动的均值说明了随机信号的平均位置,反映了信号的静态分量。

2)方差

随机振动的方差定义为

$$\sigma_x^2(t_1) = D[X(t_1)] = E[\{X(t_1) - \mu_x(t_1)\}^2]$$
$$= \int_{-\infty}^{\infty} \{X(t_1) - \mu_x(t_1)\}^2 p(x, t_1) dx \tag{5-6}$$

式中:$\sigma_x(t_1)$ 为随机过程 $X(t)$ 的标准差,表示 $X(t)$ 在 t_1 时刻对均值 $\mu_x(t_1)$ 的偏离程度。

由于被积函数是 x 减去均值后的二次方与概率密度函数的乘积,故方差是随机变量的二阶中心矩。同样,对于等概率的样本函数,其方差可以表示为

$$\sigma_x^2(t_1) = E[\{X(t_1) - \mu_x(t_1)\}^2] = \lim_{N \to \infty} \frac{1}{N} \sum_{i=1}^{N} \{X_i(t_1) - \mu_x(t_1)\}^2 \tag{5-7}$$

同样,均方差可以定义为

$$\varphi_x^2(t_1) = E[X^2(t_1)] = \int_{-\infty}^{\infty} x^2 p(x, t_1) dx \tag{5-8}$$

由于被积函数是 x 的二次方与概率密度函数的乘积,故均方值是随机变量的二阶原点矩。随机过程的均方值往往与能量有关,均方值、方差和均值之间满足如下的关系式:

$$\varphi_x^2(t_1) = \sigma_x^2(t_1) + \mu_x^2(t_1) \tag{5-9}$$

对随机过程 $X(t)$ 的任一样本函数 $x_r(t)$,其时域方差可以表示为

$$\sigma_{xr}^2 = \lim_{T \to \infty} \frac{1}{T} \int_{-\frac{T}{2}}^{+\frac{T}{2}} \{x_r(t) - \mu_{xr}\}^2 dt \tag{5-10}$$

同样,其时域均方值可以表示为

$$\varphi_{xr}^2 = \lim_{T \to \infty} \frac{1}{T} \int_{-\frac{T}{2}}^{+\frac{T}{2}} x_r^2(t) dt \tag{5-11}$$

φ_{xr}、σ_{xr} 和 μ_{xr} 之间的关系式为

$$\varphi_{xr}^2 = \sigma_{xr}^2 + \mu_{xr}^2 \tag{5-12}$$

随机振动的方差描述了信号在均值附近的波动程度,反映了信号的动态部分。

3)自相关函数和互相关函数

均值和方差描述的均是随机过程单一时刻的数字特征,要想描述两个不同时刻(即随机过程两个不同状态)之间的联系则需要引入相关函数的概念。设随机过程 $X(t)$ 在任意两个时刻 t_1、t_2 的随机矢量为 $X(t_1)$ 和 $X(t_2)$,$p(x_1, x_2; t_1, t_2)$ 是这两个随机矢量之间的二维概率密度函数,则定义

$$R_{xx}(t_1, t_2) = E[X(t_1)X(t_2)] = \iint_{-\infty}^{+\infty} x_1 x_2 p(x_1, x_2; t_1, t_2) dx_1 dx_2 \tag{5-13}$$

为随机过程 $X(t)$ 的自相关函数。它描述的是随机过程 $X(t)$ 两个不同时刻之间的线性依赖关系。对于具有相同二维概率密度函数的样本函数,自相关函数可以表示为

$$R_{xx}(t_1, t_2) = E[X(t_1)X(t_2)] = \lim_{N \to \infty} \frac{1}{N} \sum_{k=1}^{N} x_k(t_1) x_k(t_2) \tag{5-14}$$

同样，也可在时域内定义相关函数，即

$$R_{xr}(\tau) = \lim_{T \to \infty} \frac{1}{T} \int_{-\frac{T}{2}}^{+\frac{T}{2}} x_r(t) x_r(t+\tau) \mathrm{d}t \tag{5-15}$$

它表示样本函数 $x_r(t)$ 与其延时 τ 得到的 $x_r(t+\tau)$ 之间波形的相似程度。

对两个随机过程 $X(t)$、$Y(t)$，设 $X(t_1)$ 是 $X(t)$ 在时刻 t_1 的随机矢量，$Y(t_2)$ 是 $Y(t)$ 在时刻 t_2 的随机矢量，定义

$$R_{xy}(t_1, t_2) = E[X(t_1)Y(t_2)] = \iint_{-\infty}^{+\infty} xy p(x, y; t_1, t_2) \mathrm{d}x \mathrm{d}y \tag{5-16}$$

为 $X(t)$、$Y(t)$ 的互相关函数。这里 $p(x, y; t_1, t_2)$ 是 $X(t_1)$、$Y(t_2)$ 的二维概率密度函数。

同样，可以定义

$$R_{yx}(t_1, t_2) = E[Y(t_1)X(t_2)] = \iint_{-\infty}^{+\infty} yx p(y, x; t_1, t_2) \mathrm{d}x \mathrm{d}y \tag{5-17}$$

式中：$p(y, x; t_1, t_2)$ 是 $Y(t_1)$、$X(t_2)$ 的二维概率密度函数。

一般来说，由于 $p(x, y; t_1, t_2) \neq p(y, x; t_1, t_2)$，因此 $R_{xy}(t_1, t_2) \neq R_{yx}(t_1, t_2)$。互相关函数 $R_{xy}(t_1, t_2)$、$R_{yx}(t_1, t_2)$ 描述了两个随机过程之间的依赖关系。

两个随机过程 $X(t)$、$Y(t)$ 在时域内的互相关函数定义为

$$R_{xrys}(\tau) = \lim_{T \to \infty} \frac{1}{T} \int_{-\frac{T}{2}}^{+\frac{T}{2}} x_r(t) y_s(t+\tau) \mathrm{d}t \tag{5-18}$$

它表示 $x_r(t)$ 与 $y_s(t+\tau)$ 之间波形的相似程度。

5.3 平稳过程和各态历经过程

5.3.1 平稳过程

如果一个随机过程的统计性质、趋势与时间有关，随着时间的变化而变化，这个过程就称为**非平稳过程**。与非平稳过程相对应的就是平稳过程，其定义如下：

对任意 n 个不同时刻 t_1, t_2, $\cdots$, t_n 和任一实数 ε，如果随机过程 $X(t)$ 的 n 维概率密度函数 $p(x_1, x_2, \cdots, x_n; t_1, t_2, \cdots, t_n)$ 满足

$$p(x_1, x_2, \cdots, x_n; t_1, t_2, \cdots, t_n) = p(x_1, x_2, \cdots, x_n; t_1+\varepsilon, t_2+\varepsilon, \cdots, t_n+\varepsilon) \tag{5-19}$$

则称 $X(t)$ 是**平稳随机过程**，简称**平稳过程**。

也就是说，若将平稳过程 $X(t)$ 的时域图像在时间轴上任意平移 ε 得到一个新的随机

过程 $Y(t)$，则 $X(t)$ 和 $Y(t)$ 有完全一样的统计特性。

式（5-19）给出的平稳随机过程的定义是严格的，在实际工程中难以用其检验随机过程的平稳性。由于工程实际中一般只能得到一维和二维概率密度函数或概率分布函数，更高维的概率密度函数和概率分布函数很难得到，因此在工程实践中往往将平稳过程的定义放宽。

由于平稳过程的一维概率密度函数和概率分布函数均与所选取的时刻无关，因此一般将其记为 $p(x)$ 和 $P(x)$。对于二维概率密度函数，由于

$$p(x_1, x_2; t_1, t_2) = p(x_1, x_2; t_1 + \varepsilon, t_2 + \varepsilon) \tag{5-20}$$

令 $\varepsilon = -t_1$，$\tau = t_2 - t_1$，代入式（5-20），则有

$$p(x_1, x_2; t_1, t_2) = p(x_1, x_2; 0, \tau) \tag{5-21}$$

式（5-21）表明，平稳过程 $X(t)$ 任意相差 τ 的两个时刻 t_1、$t_2 = t_1 + \tau$ 的随机变量 $X(t_1)$ 和 $X(t_1 + \tau)$ 之间的二维概率密度函数与 0 时刻和 τ 时刻的随机变量 $X(0)$ 和 $X(\tau)$ 之间的二维概率密度函数相同。因此，平稳过程的二维概率密度函数只与所取的两个时刻 t_1、t_2 的时差 $\tau = t_2 - t_1$ 有关，可以表示为

$$p(x_1, x_2; t_1, t_2) = p(x_1, x_2; 0, \tau) = p(x_1, x_2; t, t + \tau) \tag{5-22}$$

式（5-22）中的 t 为任意时刻。同样，二维概率分布函数也只与所取的两个时刻 t_1、t_2 的时差 $\tau = t_2 - t_1$ 有关，即

$$P(x_1, x_2; t_1, t_2) = P(x_1, x_2; 0, \tau) = P(x_1, x_2; t, t + \tau) \tag{5-23}$$

平稳随机过程的数字特征的性质如下。

(1) 数学期望（均值）是与时间 t 无关的常数，即

$$\mu_x = E[X(t)] = \int_{-\infty}^{+\infty} x p(x) \mathrm{d}x \tag{5-24}$$

(2) 方差是与时间 t 无关的常数，即

$$\sigma_x^2 = \int_{-\infty}^{+\infty} (x - u_x)^2 p(x) \mathrm{d}x \tag{5-25}$$

(3) 相关函数仅仅是单变量时差 τ 的函数，即

$$\begin{aligned} R_{xx}(t_1, t_2) &= E[X(t_1)X(t_2)] \\ &= E[X(t)X(t + \tau)] \\ &= \iint_{-\infty}^{+\infty} x_1 x_2 p(x_1, x_2; 0, \tau) \mathrm{d}x_1 \mathrm{d}x_2 \\ &= R_{xx}(\tau) \end{aligned} \tag{5-26}$$

式（5-24）~式（5-26）表明，平稳随机过程的任一状态的均值、均方值都相等。两个状态之间的相关函数仅仅是两个状态之间的时差 τ 的函数。

一般把满足式（5-24）~式（5-26）的随机过程也称为平稳随机过程，为了与平稳过程的严格定义相区别，该平稳过程又称为"宽平稳"随机过程，而满足平稳过程严格定义的随机过程称之为"严平稳"随机过程。若无特殊说明，本书中提到的平稳过程均指

"宽平稳"随机过程。

如果随机过程 $X(t)$、$Y(t)$ 均是平稳随机过程，则 $X(t)$、$Y(t)$ 的互相关函数也只是单变量时差 τ 的函数，即

$$R_{xy}(t_1, t_2) = R_{xy}(\tau) \tag{5-27}$$

若 $X(t)$ 是平稳随机过程，则符号 $X(t)$ 既可表示随机过程本身，又可以表示平稳随机过程在时刻 t 时的状态。

5.3.2 各态历经过程

由上一小节的知识可知，随机过程的每一个样本函数均可以在其时域中求得其数字特征 μ_{xr}、σ_{xr} 和 $R_{xy}(\tau)$。对平稳随机过程对 μ_{xr}、σ_{xr} 和 $R_{xy}(\tau)$ 再做集合平均，得到随机过程的数字特征，即

$$\begin{cases} \mu_x = E[\mu_{xr}] \\ \sigma_x = E[\sigma_{xr}] \\ R_x(\tau) = E[R_{xr}] \end{cases} \tag{5-28}$$

在时域描述中，如果随机过程 $X(t)$ 的样本函数的数字特征 μ_{xr}、σ_{xr}、$R_{xy}(\tau)$ 的数值大小与所选取的样本函数无关，即所有的样本函数具有相同的数字特征，这意味着这个随机过程的数字特征可由它的任一样本函数的数字特征得到。由式（5-28）可知，这个随机过程的数字特征的时间平均结果将与集合平均结果相等。因此，随机过程 $X(t)$ 的集合平均可以通过样本平均得到。具有这种性质的随机过程称为各态历经过程或各态遍历过程，简称遍历过程，其严格的定义如下。

如果随机过程 $X(t)$ 的任一个样本函数 $x_r(t)$ 在时域内的统计值与其在任一时刻 t_1 的状态 $X(t_1)$ 的统计值相等，则这个随机过程称为**各态历经过程**或**各态遍历过程**。

因此，若 $X(t)$ 是各态历经过程，则用 $x(t)$ 表示其任一样本函数，不在标注下标，其数字特征也可表示为

$$\begin{cases} \mu_x = E[x(t)] \\ \sigma_x = E[\{x(t) - u_x\}^2] \\ R_x(\tau) = E[x(t)x(t+\tau)] \end{cases} \tag{5-29}$$

各态历经过程的统计特性可根据它的任一样本函数的时间统计特性得到，这在实际工程应用中非常方便。因为各态历经过程的每一个状态的统计值都是相同的，故各态历经过程是平稳过程，但平稳过程不一定是各态历经过程。

随机过程的各态历经性具有十分重要的工程实际意义，即可以用少量的样本函数估计整个随机过程的统计特性。研究一个样本函数的统计特性可以掌握其全部样本的统计特

性，从而避免采取大量样本和计算总体平均的麻烦，使得对随机过程的记录、分析工作大为简化。

5.4 相关函数

5.4.1 相关系数

相关问题是指两个变量之间的相互关系。如果变量 x、y 之间有 $y = ax + b$ 的函数关系，则称 x、y 二者是线性相关的。对于随机变量 X、Y 而言，不可能写出如此明确的函数关系。在工程实践中往往采用曲线拟合的方法来确定常数 a、b。令 X 的分量为 x_i，Y 的分量为 y_i，y_i 与拟合值的误差可以表示为

$$\Delta y_i = y_i - \hat{y}_i = y_i - (ax_i + b) \tag{5-30}$$

为使拟合方程的误差最小，在确定常数 a、b 时应使误差的均方值 $E[(\Delta y_i)^2]$ 最小，即 $E[(\Delta y_i)^2]$ 对 a、b 的偏导数应为 0，即

$$\begin{aligned}\frac{\partial E[(\Delta y_i)^2]}{\partial a} &= \frac{\partial E[(y_i - (ax_i + b))^2]}{\partial a} \\ &= \frac{\partial E[y_i^2 + (ax_i + b)^2 - 2y_i(ax_i + b)]}{\partial a} \\ &= \frac{\partial E[y_i^2 + a^2 x_i^2 + 2abx_i + b^2 - 2ax_i y_i - 2by_i]}{\partial a} \\ &= 2[aE(X^2) + bE(X) - E(XY)] \\ &= 0 \end{aligned} \tag{5-31}$$

$$\begin{aligned}\frac{\partial E[(\Delta y_i)^2]}{\partial b} &= \frac{\partial E[(y_i - (ax_i + b))^2]}{\partial b} \\ &= \frac{\partial E[y_i^2 + (ax_i + b)^2 - 2y_i(ax_i + b)]}{\partial b} \\ &= \frac{\partial E[y_i^2 + a^2 x_i^2 + 2abx_i + b^2 - 2ax_i y_i - 2by_i]}{\partial b} \\ &= 2[aE(X) + b - E(Y)] \\ &= 0 \end{aligned} \tag{5-32}$$

由式（5-31）和式（5-32），可得

$$a\varphi_x^2 + b\mu_x - E(XY) = 0 \tag{5-33}$$

$$a\mu_x + b - \mu_y = 0 \tag{5-34}$$

根据式（5-33）和式（5-34），可得

$$a = \frac{E(xy) - u_x u_y}{\varphi_x^2 - u_x^2} = \frac{E(xy) - u_x u_y}{\sigma_x^2} \tag{5-35}$$

$$b = u_y - \frac{E(xy)u_x - u_x^2 u_y}{\sigma_x^2} \tag{5-36}$$

$X(t)$、$Y(t)$ 的**协方差**定义为

$$\begin{aligned} C_{xy} &= E[(x(t) - u_x)(y(t) - u_y)] \\ &= E[x(t)y(t) - u_x y(t) - u_y x(t) + u_x u_y] \\ &= E(xy) - u_x u_y \end{aligned} \tag{5-37}$$

$X(t)$、$Y(t)$ 的**相关系数**定义为

$$\rho_{xy} = \frac{C_{xy}}{\sigma_x \sigma_y} \tag{5-38}$$

则式（5-35）和式（5-36）可以表示为

$$a = \frac{E(xy) - u_x u_y}{\sigma_x^2} = \frac{C_{xy}}{\sigma_x^2} = \rho_{xy} \frac{\sigma_y}{\sigma_x} \tag{5-39}$$

$$b = u_y - \frac{E(xy)u_x - u_x^2 u_y}{\sigma_x^2} = u_y - \rho_{xy} \frac{\sigma_y u_x}{\sigma_x} \tag{5-40}$$

故线性拟合的拟合方程可以表示为

$$\hat{Y} = aX + b = \rho_{xy} \frac{\sigma_y}{\sigma_x} X + u_y - \rho_{xy} \frac{\sigma_y u_x}{\sigma_x} \tag{5-41}$$

即

$$\frac{\hat{Y} - u_y}{\sigma_y} = \rho_{xy} \frac{X - u_x}{\sigma_x} \tag{5-42}$$

把 Y 作为自变量，用同样的方法可以得到

$$\frac{\hat{X} - u_x}{\sigma_x} = \rho_{xy} \frac{Y - u_y}{\sigma_y} \tag{5-43}$$

由式（5-42）和式（5-43）可知，从不同的角度处理因果关系会得出不同的表达式。通常测试数据之间无所谓因果关系，如果 X、Y 之间有准确的线性关系，则式（5-42）与式（5-43）必定相同，即 $\rho_{xy} = \pm 1$。实际工程中 ρ_{xy} 通常不为1，但因为

$$\begin{aligned} &E\left[\left(\frac{X-u_x}{\sigma_x} \mp \frac{Y-u_y}{\sigma_y}\right)^2\right] \\ &= E\left[\left(\frac{X-u_x}{\sigma_x}\right)^2 \mp 2\left(\frac{X-u_x}{\sigma_x}\right)\left(\frac{Y-u_y}{\sigma_y}\right) + \left(\frac{Y-u_y}{\sigma_y}\right)^2\right] \\ &= E\left[\left(\frac{X^2 - 2u_x X + u_x^2}{\sigma_x^2}\right) \mp 2\rho_{xy}\left(\frac{X^2 - 2u_x X + u_x^2}{\sigma_x^2}\right) + \left(\frac{Y^2 - 2u_y Y + u_y^2}{\sigma_y^2}\right)\right] \\ &= \frac{\varphi_x^2 - 2u_x^2 + u_x^2}{\sigma_x^2} \mp 2\rho_{xy} \frac{\varphi_x^2 - 2u_x^2 + u_x^2}{\sigma_x^2} + \frac{\varphi_y^2 - 2u_y^2 + u_y^2}{\sigma_y^2} \end{aligned}$$

$$= \frac{\varphi_x^2 - u_x^2}{\sigma_x^2} \mp 2\rho_{xy} \frac{\varphi_x^2 - u_x^2}{\sigma_x^2} + \frac{\varphi_y^2 - u_y^2}{\sigma_y^2}$$

$$= 2 \mp 2\rho_{xy} \geq 0 \tag{5-44}$$

故

$$|\rho_{xy}| \leq 1 \tag{5-45}$$

如果 X、Y 不相关，即 X 与 Y 没有任何关系，则 $\rho_{xy} = 0$。可见，ρ_{xy} 的大小可以表示 X、Y 的相关程度。

5.4.2 自相关函数

平稳随机过程 $X(t)$ 的不同时刻的状态之间有密切的联系，可以用相关系数 $\rho_{x(t)x(t+\tau)}$ 表示时刻 t、$(t+\tau)$ 的状态 $X(t)$、$X(t+\tau)$ 之间的这种相关程度。由于平稳随机过程的均值 μ_x、方差 σ_x 均与时间无关，则相关系数可以表示为

$$\rho_{x(t)x(t+\tau)} = \frac{E[X(t)X(t+\tau)] - \mu_x^2}{\sigma_x^2} \tag{5-46}$$

由式（5-46）可知，$E[X(t)X(t+\tau)]$ 决定了平稳随机过程 $X(t)$ 相差 τ 时刻的两个状态的相关性，故定义平稳随机过程的自相关函数为

$$R_x(\tau) = E[X(t)X(t+\tau)] \tag{5-47}$$

典型的自相关函数曲线如图 5.1 所示。

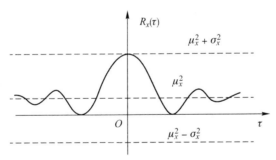

图 5.1 典型的自相关函数曲线

自相关函数的性质如下。

（1）自相关函数是偶函数，即

$$R_x(\tau) = R_x(-\tau) \tag{5-48}$$

（2）如果平稳随机过程为周期函数，即满足

$$X(t) = X(t+T) \tag{5-49}$$

则

$$R(\tau + T) = E[X(t)X(t+\tau+T)] = E[X(t)X(t+\tau)] = R(\tau) \tag{5-50}$$

可见，周期平稳过程的自相关函数也是周期函数，其周期与过程的周期相同。

工程实践中的随机过程往往是各种不同性质的随机过程的组合，利用周期函数自相关函数的周期性能够检测出平稳随机过程中的周期成分。

（3）$\tau = 0$ 时的自相关函数值就是随机过程的均方值，即

$$R_x(0) = \varphi_x^2 \tag{5-51}$$

（4）自相关函数是一个有界函数。

由式（5-46）和式（5-47）可得

$$|\rho_{x(t)x(t+\tau)}| = \left| \frac{E[X(t)X(t+\tau)] - \mu_x^2}{\sigma_x^2} \right|$$

$$= \left| \frac{R_x(\tau) - \mu_x^2}{\sigma_x^2} \right| \leq 1 \tag{5-52}$$

故

$$\mu_x^2 - \sigma_x^2 \leq R_x(\tau) \leq \mu_x^2 + \sigma_x^2 = \varphi_x^2 = R_x(0) \tag{5-53}$$

由式（5-51）和式（5-53）可知，自相关函数 $R_x(\tau)$ 在 $\tau = 0$ 时达到其最大值。

（5）如果随机过程不是周期函数，则有

$$\lim_{\tau \to \infty} R_x(\tau) = \mu_x^2 \tag{5-54}$$

5.4.3 互相关函数

两个平稳过程 $X(t)$、$Y(t)$ 的不同时刻的状态之间的相关性可以用互相关函数 $R_{xy}(\tau)$ 来描述，其表达式为

$$R_{xy}(\tau) = E[X(t)Y(t+\tau)] \tag{5-55}$$

同样，平稳过程 $Y(t)$、$X(t)$ 的不同时刻的状态之间的相关性用互相关函数 $R_{yx}(\tau)$ 表示为

$$R_{yx}(\tau) = E[Y(t)X(t+\tau)] \tag{5-56}$$

典型的互相关函数曲线如图5.2所示。

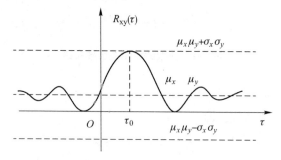

图5.2 典型的互相关函数曲线

互相关函数描述了两个不同的随机过程之间的线性依赖关系，如果两个随机过程是完全相关的，既有 $X(t) = aY(t)$，a 为非零常数，则其互相关函数可以表示为

$$R_{xy}(\tau) = E[X(t)Y(t+\tau)]$$
$$= E[aY(t)Y(t+\tau)]$$
$$= aR_y(\tau) = R_{yx}(\tau) \qquad (5\text{-}57)$$

反之，若两个随机过程是完全不相关的，并且其中一个随机过程的均值为零，则有

$$R_{xy}(\tau) = 0 \qquad (5\text{-}58)$$

此时称随机过程 $X(t)$、$Y(t)$ 不相关。

互相关函数具有以下特点。

(1) 随机过程 $X(t)$、$Y(t)$ 之间的两个互相关函数的关系可以表示为

$$R_{xy}(\tau) = R_{yx}(-\tau) \qquad (5\text{-}59)$$

(2) $R_{xy}(\tau)$ 是有界函数。

由式 (5-37)、式 (5-38) 和式 (5-55) 可知

$$|\rho_{x(t)y(t+\tau)}| = \left| \frac{E[X(t)Y(t+\tau)] - \mu_x\mu_y}{\sigma_x\sigma_y} \right|$$
$$= \left| \frac{R_{xy}(\tau) - \mu_x\mu_y}{\sigma_x\sigma_y} \right| \leq 1 \qquad (5\text{-}60)$$

故

$$\mu_x\mu_y - \sigma_x\sigma_y \leq R_{xy}(\tau) \leq \mu_x\mu_y + \sigma_x\sigma_y \qquad (5\text{-}61)$$

(3) 互相关函数与自相关函数的关系。

设一个非负的随机过程 $Z(t) = [X(t) + sY(t)]^2$，s 为任意实数。由于 $Z(t)$ 非负，其平均值

$$\mu_z = E[\{X(t) + sY(t+\tau)\}^2]$$
$$= E[X^2(t)] + s^2 E[Y^2(t+\tau)] + 2sE[X(t)Y(t+\tau)] \qquad (5\text{-}62)$$
$$= R_x(0) + s^2 R_y(0) + 2sR_{xy}(\tau) \geq 0$$

式 (5-62) 可以看作是以 s 为未知量的一元二次方程，由于式 (5-62) 对任意实数 s 均成立，故

$$|R_{xy}(\tau)|^2 \leq R_x(0)R_y(0) \qquad (5\text{-}63)$$

(4) 如果 $X(t)$、$Y(t)$ 是相互独立的随机过程，则 $X(t)$、$Y(t)$ 不相关，即

$$R_{xy}(\tau) = \mu_x\mu_y \qquad (5\text{-}64)$$

如果 $X(t)$、$Y(t)$ 中有一个的均值为 0，则 $R_{xy}(\tau) = 0$。但是，若 $X(t)$、$Y(t)$ 不相关却不能保证 $X(t)$、$Y(t)$ 是相互独立的随机过程。

5.5 功率谱密度函数

物理现象中谱的概念总是和频率联系在一起的，激励和响应的频率描述在汽车的振动分析中起着非常重要的作用。由傅里叶变换的性质可知，一函数 $f(t)$ 在时域的能量等于在

频域的能量，该性质在数学上用帕塞瓦尔公式描述，即

$$\int_{-\infty}^{\infty}[f(t)]^2\mathrm{d}t = \frac{1}{2\pi}\int_{-\infty}^{\infty}|F(\omega)|^2\mathrm{d}\omega \tag{5-65}$$

式（5-65）要求等式的左端积分值存在，即函数 $f(t)$ 的能量为有限值。对于各态历经过程 $X(t)$，其样本函数 $x(t)$ 定义域为 $(-\infty, +\infty)$，且 $\lim\limits_{t\to\infty}x(t) \neq 0$。实际上，由于 $X(t)$ 同时是平稳随机过程，理论上而言其能量为无穷大，故只能讨论其在单位时间内的能量，即其功率。为此，定义的截尾函数为

$$x_T(t) = \begin{cases} x(t), & -\dfrac{T}{2} \leq t \leq \dfrac{T}{2} \\ 0, & |t| > \dfrac{T}{2} \end{cases} \tag{5-66}$$

$x_T(t)$ 满足傅里叶积分存在的条件，其傅里叶变换为

$$x_T(\omega) = \int_{-\infty}^{\infty} x_T(t)\mathrm{e}^{-\mathrm{i}\omega t}\mathrm{d}t \tag{5-67}$$

$x_T(\omega)$ 的傅里叶逆变换为

$$x_T(t) = \frac{1}{2\pi}\int_{-\infty}^{\infty} x_T(\omega)\mathrm{e}^{\mathrm{i}\omega t}\mathrm{d}\omega \tag{5-68}$$

根据式（5-65）得

$$\int_{-\infty}^{\infty}[x_T(t)]^2\mathrm{d}t = \int_{-\frac{T}{2}}^{\frac{T}{2}}[x_T(t)]^2\mathrm{d}t$$

$$= \frac{1}{2\pi}\int_{-\infty}^{\infty}|x_T(\omega)|^2\mathrm{d}\omega \tag{5-69}$$

式（5-69）两边除以 T，得到 $x(t)$ 在区间 $\left[-\dfrac{T}{2}, \dfrac{T}{2}\right]$ 上的平均功率。令 $T\to\infty$，则

$$\lim_{T\to\infty}\frac{1}{T}\int_{-\frac{T}{2}}^{\frac{T}{2}}[x_T(t)]^2\mathrm{d}t = \frac{1}{2\pi}\lim_{T\to\infty}\frac{1}{T}\int_{-\infty}^{\infty}|x_T(\omega)|^2\mathrm{d}\omega$$

$$= \frac{1}{2\pi}\int_{-\infty}^{\infty}\lim_{T\to\infty}\frac{1}{T}|x_T(\omega)|^2\mathrm{d}\omega \tag{5-70}$$

式（5-70）左端为 $x(t)$ 在时域的平均功率，右端为 $x(t)$ 在频域内的平均功率。定义 $x(t)$ 的功率谱密度函数为

$$S_x(\omega) = \lim_{T\to\infty}\frac{1}{T}|x_T(\omega)|^2 \tag{5-71}$$

$x(t)$ 的功率谱密度函数 $S_x(\omega)$ 反映了 $x(t)$ 的平均功率在频域内的分布。由于 $X(t)$ 是各态历经过程，因此 $S_x(\omega)$ 也是随机过程 $X(t)$ 的功率谱密度函数。

式（5-71）给出的功率谱密度函数为定义在 $(-\infty, +\infty)$ 区间上的功率谱密度函数，称为双边谱。在工程实践中也常把功率谱密度函数定义在正半轴上，称为单边谱，可以表示为

$$G_x(\omega) = \begin{cases} 2S_x(\omega), & \omega > 0 \\ S_x(\omega), & \omega = 0 \\ 0, & \omega < 0 \end{cases} \quad (5-72)$$

即在正半轴上，单边谱是双边谱的两倍。如无特殊说明，本书中提到的功率谱密度函数均为双边谱。

各态历经过程的平均功率在时域由自相关函数描述，在频域由功率谱密度函数描述。自相关函数和功率谱密度函数在不同域中描述了同一个物理量，故两者之间必然存在密切的联系。研究表明，自相关函数和功率谱密度函数是一对傅里叶变换对，用维纳-辛钦公式描述，即

$$\begin{cases} S_x(\omega) = \int_{-\infty}^{\infty} R_x(\tau) e^{-i\omega\tau} d\tau \\ R_x(\omega) = \frac{1}{2\pi} \int_{-\infty}^{\infty} S_x(\omega) e^{i\omega\tau} d\omega \end{cases} \quad (5-73)$$

功率谱密度函数表示了随机过程的平均功率在频域上的分布。在汽车振动工程领域，随机过程通常用其功率谱密度函数来描述。例如，路面不平度就是利用其功率谱密度函数来描述的。实际工程中的功率谱密度函数只分布在频域的某一区间内，区间外的功率谱密度函数的值比区间内的值要小得多，往往可以忽略不计。工程中一般称这个区间中点的频率为该功率谱密度函数的**中心频率**，区间的长度称为该功率谱密度函数的**带宽**。如果功率谱密度函数的带宽远小于其中心频率，即该功率谱密度函数曲线的形状具有尖峰特征，则称具有这种功率谱密度函数曲线形状的随机过程为**窄带随机过程**。反之，若功率谱密度函数的数值在一个很宽的范围内基本保持在同一数量级上，即功率谱密度函数的带宽大于或接近于其中心频率，称具有这种功率谱密度函数曲线形状的随机过程为**宽带随机过程**。

几种常见随机过程的时域信号、概率密度函数、自相关函数及功率谱密度函数曲线如图 5.3 所示。

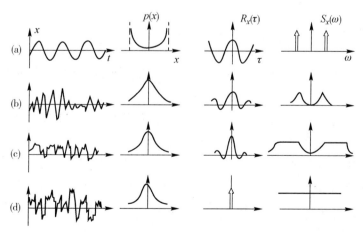

图 5.3 常见随机过程的时域信号、概率密度函数、自相关函数及功率谱密度函数曲线

图中：图 5.3（a）表示正弦激励的随机过程，其振动能量集中在简谐振动的频率上；图 5.3（b）为窄带随机过程，其功率谱密度函数的形状具有尖峰特征；图 5.3（c）表示一种宽带随机过程，其功率谱密度函数数值在很宽的范围内保持在同一数量级上；图 5.3（d）为宽带随机过程的极端例子——理想白噪声，其功率谱密度函数在整个频域上均为常数。

功率谱密度函数是描述随机振动的一个重要参数，通过对功率谱密度的研究，有助于理解振动的物理机理，进行振动的模拟和设计工作。例如，研究随机振动的隔离时，就需要研究输入与输出的功率谱密度；在进行汽车设计时，尽管凹凸不平的道路会使汽车轮胎发生各种颠簸，但设计要求应使驾驶员和乘客一直保持很舒服的状态，就需要借助于随机振动的功率谱密度函数。

习题

一、判断题

1. 车辆行驶时由于路面不平引起的振动为随机振动。（　）
2. 对于确定性振动，人们已经清楚地了解了振动的原因，当外界条件重现时，在预定的时刻就会重现预定的振动，即确定性振动中的物理量在将来某一时刻的值是可以预测的。（　）
3. 对于随机振动，由于造成振动的因素复杂多样，很难以相同的条件重现振动，即振动的物理量没有重复性，无法预测其在将来某一时刻的具体数值。（　）
4. 随机振动服从概率统计规律，随机振动的振动规律能且仅能通过概率统计方法描述。（　）
5. 与确定性振动不同，随机振动只能得到振动系统激励和响应的统计值。（　）
6. 在确定性振动中，振动系统的任何一个随时间改变的物理量都是可以准确地确定其变化的。（　）
7. 在随机过程中，振动系统的物理量是无法事先预知的，但其变化服从统计规律特性。（　）
8. 随机振动中涉及的随时间改变的物理量是随机过程。（　）
9. 任何一个随机过程是一系列样本函数的集合。（　）
10. 随机过程是由无穷多个随机变量构成的随机变量系，这些随机变量之间是有密切联系的。（　）
11. 由于随机过程是样本函数的集合，因此可以通过逐个描述每个样本函数得到随机过程的性质，这种描述称为随机过程的时域描述。（　）
12. 由于随机过程是随机变量系，因此可以用描述随机变量的方法来描述随机过程，又因为描述随机变量要涉及整个样本函数集，故该种描述又称之为集合平均。（　）
13. 可以采用随机过程的样本函数和随机变量系的概率分布函数或概率密度函数两种方法来描述随机过程统计量。（　）
14. 均值为随机变量的二阶中心矩。（　）

15. 随机振动的方差说明了随机信号的平均位置,反映了信号的静态分量。（　）
16. 方差是随机变量的一阶矩。（　）
17. 均方值是随机变量的二阶原点矩。（　）
18. 随机振动的均值描述了信号在均值附近的波动程度,反映了信号的动态部分。（　）
19. 自相关函数描述的是随机过程两个不同时刻之间的线性依赖关系。（　）
20. 互相关函数描述了两个随机过程之间的依赖关系。（　）
21. 如果一个随机过程的统计性质、趋势与时间有关,随着时间的变化而变化,则将这个过程称为平稳过程。（　）
22. 若将平稳过程 $X(t)$ 的时域图像在时间轴上平移 ε 得到一个新的随机过程 $Y(t)$,则 $X(t)$ 和 $Y(t)$ 有完全一样的统计特性。（　）
23. 平稳随机过程的数学期望（均值）是与时间 t 无关的常数。（　）
24. 平稳随机过程的方差是与时间 t 无关的常数。（　）
25. 平稳随机过程的相关函数仅仅是单变量时差 τ 的函数。（　）
26. 平稳随机过程的任一状态的均值、均方值都相等,两个状态之间的相关函数仅仅是两个状态之间的时差 τ 的函数。（　）
27. 各态历经过程的统计特性可从它的任一样本函数的时间统计特性得到。（　）
28. 各态历经过程一定是平稳过程。（　）
29. 平稳过程一定是各态历经过程。（　）
30. 如果两个随机过程不相关,则其相关系数为 0。（　）
31. 自相关函数为奇函数。（　）
32. 周期平稳过程的自相关函数也是周期函数,其周期与过程的周期相同。（　）
33. 工程实践中的随机过程往往是各种不同性质的随机过程的组合,利用周期函数自相关函数的周期性能够检测出平稳随机过程中的周期成分。（　）
34. 自相关函数是一个无界函数。（　）
35. 两个平稳随机过程的互相关函数为有界函数。（　）
36. 若两个随机过程不相关,则这两个随机过程一定是相互独立的。（　）
37. $x(t)$ 的功率谱密度函数 $S_x(\omega)$ 反映了 $x(t)$ 的平均功率在频域内的分布。（　）
38. 在正半轴上,单边谱是双边谱的两倍。（　）
39. 各态历经过程的平均功率在时域由自相关函数描述,在频域由功率谱密度函数描述。（　）
40. 自相关函数和功率谱密度函数是一对傅里叶变换对。（　）
41. 如果功率谱密度函数的带宽远小于其中心频率,即该功率谱密度函数曲线的形状具有尖峰特征,则称具有这种功率谱密度函数曲线形状的随机过程为窄带随机过程。（　）
42. 若功率谱密度函数的数值在一个很宽的范围内基本保持在同一数量级上,即功率谱密度函数的带宽大于或接近其中心频率,则称具有这种功率谱密度函数曲线形状的随

机过程为宽带随机过程。 ( )

二、简答题

1. 何为平稳随机过程?
2. 何为各态历经过程?
3. 何为平稳随机过程的互相关函数?
4. 何为中心频率及带宽?

三、证明题

1. 证明相关系数 $|\rho_{xy}| \leq 1$。
2. 证明互相关函数的性质 $\mu_x\mu_y - \sigma_x\sigma_y \leq R_{xy}(\tau) \leq \mu_x\mu_y + \sigma_x\sigma_y$。
3. 证明自相关函数是一个有界函数。
4. 证明自相关函数与互相关函数的关系。

第 6 章 振动噪声基础理论

现代汽车研发领域对振动噪声的控制要求越来越严格，国家也出台了相应的标准法规以限制机动车辆运行时产生的噪声。例如，《声学 汽车车内噪声测量方法》（GB/T 18697—2002）及《汽车加速行驶车外噪声限值及测量方法》（GB 1495—2002）中规定小汽车（M1类车辆）车外噪声值不得超过 74 dB（A）。随着国家标准对汽车振动噪声要求的提高，理解和掌握振动噪声的基础理论及其常用的控制方法在现代汽车的设计研发中显得尤为重要。本章研究振动噪声的基础理论，介绍声波、声场、声压等基本概念，并对声场的波动方程等理论进行了详细的阐述。

6.1 声波的基本概念

物体振动时其周围的介质受到激励作用而随之产生振动，使得离振动物体最近的质点离开原来的平衡位置开始推动其相邻质点运动。该相邻的质点一方面在推动作用下会离开平衡位置去推动更远的质点运动，而另一方面由于惯性的作用会产生反抗压缩的力使其回到原来的平衡位置。这样，由于惯性与弹性的双重作用，使得声源附近的介质在其平衡位置附近做往复运动。这种介质质点的机械振动由近及远的传播过程称为**声振动的传播**或**声波**。飞机起飞时产生的声波如图 6.1 所示，汽车运行时产生的声波如图 6.2 所示。

图 6.1 飞机起飞时产生的声波

图 6.2 汽车运行时产生的声波

声波传递过程中,由于介质具有可压缩性,声源附近的介质会交替地产生压缩与膨胀作用,且逐渐向远处传递,故声波的传播方式不是媒质的移动,而是能量的传递,即介质并不随声波向前扩散,而是在其平衡位置附近做往复运动,通过彼此之间的相互作用促使临近介质运动。

声波的产生需要两个必要的条件:振动和介质。声波可以在气体介质、液体介质及固体介质中传播,但不能在真空中传播。按照传动方向的不同,可将声波分为横波和纵波。介质振动方向平行于声波传播方向的波称为**纵波**,介质振动方向垂直于声波传播方向的波称为**横波**。由于空气介质的振动方向与声波的传播方向一致,故空气中的声波为纵波。由于气体和液体介质不能承受剪切力,故声波在气体介质和液体介质中的传播为纵波,而固体介质能够承受剪切力,故声波在固体介质中的传播既有横波也有纵波。

声波在介质中传播时,会引起介质中的质点振动,使介质内各体积微元之间产生压缩或膨胀的周期性变化,故介质内的质点必然存在振动现象,而介质间的压缩或膨胀必然引起介质体内部压强的变化。在汽车振动噪声领域,常用声压、质点的振动位移、质点的振动速度、声阻抗、声强、声功率等物理量来描述声波的变化。

当声波在空气介质中传播时,可以把空气介质看作若干个彼此相连的微分体积单元。若没有声波的影响,各微分体积单元内的压强、密度都相等,但由于声波的存在,空气介质内部产生了相互作用,一部分微分体积单元内的压强和密度增加,而另一部分微分体积单元内的压强和密度减少。这样,对于整个空气介质而言,出现了稠密和稀疏状态交替出现的情况,从而形成了声波在空气介质内的传播。声音传播经过的介质空间或声波所到达的空间或存在声压的空间称为**声场**。空气中无声波存在时存在大气压,记为 p_0,即标准大气压。当声波在空气中传播时,必然导致空气介质稠密和稀疏状态交替出现的情况,空气介质受声波扰动后的压强记为 p_d。我们称这种由于声波的存在而产生的压强改变量为声压 p,即

$$p = p_d - p_0 \tag{6-1}$$

声波的强弱可以用空气介质的声压来反映,其单位为 Pa,人耳对 1 kHz 声音的可听阈约为 2×10^{-5} Pa。声波实际是声场空间内介质的状态量随时间的扰动量变化和传递,如果这种变化是时间的谐波函数,则称为**简谐声波**。

定义某一瞬时的声压为瞬时声压 $p(t)$,即

$$p(t) = p_m \cos(\omega t + \theta) \tag{6-2}$$

平均声压 p_{av} 可以表示为

$$p_{av} = \frac{1}{T} \int_0^T p(t) \mathrm{d}t \tag{6-3}$$

一定时间间隔中,瞬时声压对时间求得的均方根值即为该时间间隔内的有效声压,可

以表示为

$$p_{rms} = \sqrt{\frac{1}{T}\int_0^T p^2(t)\,dt} \qquad (6-4)$$

用电子仪表测量得到的通常是有效声压，人们习惯上讲的声压也是指有效声压。

介质质点振动位移是指介质质点相对于平衡位置的位移。一般情况下，介质中声波振动的幅值较小，在零点几纳米到数毫米之间。位移的下限值对应于听阈，位移的上限值对应于痛阈。由于介质质点的振动位移值较小，在工程实践中很难通过测量得到。

介质质点振动速度是指声波的传播引起小部分的介质的速度变化，而并非声波在介质中的传播速度。由于声强的大小等于声压与介质质点速度的乘积，故通过测量介质质点的速度可以得到介质空间内的声强值。

声阻抗是指界面上平均有效声压对通过该界面的有效体积速度之比，为复值函数，其实部被称为声阻，虚部被称为声抗。声波在介质内传播时引起介质振动需要克服阻力，声阻抗越大，则推动介质运动所需要的声压值也就越大；反之，声阻抗越小，则推动介质运动所需要的声压值就越小。

声强是指单位时间内通过与声波传播方向垂直的单位面积上的能量值，通常用该处的声压与介质质点的振动速度的乘积来表示。声强为矢量，可以通过声强探头来测量，某型号的声强探头如图 6.3 所示。

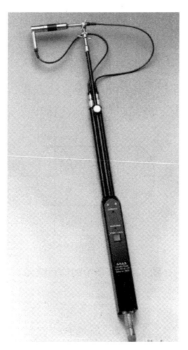

图 6.3　某型号的声强探头

声功率通常是指声源的功率，为声源在单位时间内向外辐射的声能。声功率的值无法直接测量，可以通过声压法或声强法间接测量。

6.2 理想介质中的声场波动方程

可以用介质中的声压 p、质点速度 v 以及介质密度 ρ 三个量来描述声场的基本特征。由于介质中的声压、质点速度及介质密度均是与空间位置及时间相关的物理量，故声场的基本特征也随空间位置和时间而变化。在汽车振动噪声的研究中，人们主要关注的是声压随时间及空间位置的变化规律。根据声波过程的物理特性，建立声压与空间位置及时间的函数关系并用函数形式表达即为**声场的波动方程**。

理想流体介质中的声波传递过程必须满足3个基本方程，即运动方程（牛顿第二定律）、连续性方程（质量守恒定律）及物态方程（热力学基本定律）。运用理想流体介质的三个基本方程，可以方便地得到理想介质中的声场波动方程。

为了推导理想介质中的声场波动方程，假设：

(1) 介质为理想流体，不存在黏性，整个声波传播过程无能量的耗损；
(2) 介质初速度为零，均匀分布，静态压强、密度分别为零；
(3) 整个声传播过程为绝热过程；
(4) 声振动为小振幅状态。

如图6.4所示，为了建立理想介质中的声场波动方程，在声场中任取一体积微元，设其横截面积为 S，在 x 方向上由 x 到 $x+\mathrm{d}x$，则该体积微元的体积为 $S\mathrm{d}x$。

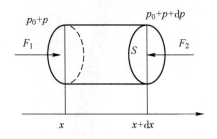

图6.4 声场中的体积微元

则体积微元左侧受力

$$F_1 = (p_0 + p)S \tag{6-5}$$

体积微元右侧受力

$$F_2 = (p_0 + p + \mathrm{d}p)S \tag{6-6}$$

式中：$\mathrm{d}p$ 表示体积微元从 x 到 $x+\mathrm{d}x$ 上的声压变化量。

由前面的分析可知，声压为空间位置及时间的函数，即 $\mathrm{d}p = \frac{\partial p}{\partial x}\mathrm{d}x$，故体积微元受到的合力可以表示为

$$F = F_1 - F_2 = -S\mathrm{d}p = -S\frac{\partial p}{\partial x}\mathrm{d}x \tag{6-7}$$

该体积微元在外力作用下的加速度可以表示 $\frac{\mathrm{d}v}{\mathrm{d}t}$，则根据牛顿第二定律可得

$$\begin{aligned} F &= ma \\ &= \rho S\mathrm{d}x\frac{\mathrm{d}v}{\mathrm{d}t} \\ &= -S\frac{\partial p}{\partial x}\mathrm{d}x \end{aligned} \tag{6-8}$$

故

$$\rho\frac{\mathrm{d}v}{\mathrm{d}t} = -\frac{\partial p}{\partial x} \tag{6-9}$$

式（6-6）描述了声场中声压随质点速度的变化规律。其中，介质的密度 $\rho = \rho_0 + \rho_v$ 为变化的量，ρ_0 为介质的静态密度，ρ_v 为介质密度的改变量。根据假设（4），ρ_v 相对于 ρ_0 为微变量。因此，介质的加速度 $\frac{\mathrm{d}v}{\mathrm{d}t}$ 可以看作是体积微元的运动加速度与单元变形加速度之和，即

$$\frac{\mathrm{d}v}{\mathrm{d}t} = \frac{\partial v}{\partial t} + \frac{\partial v}{\partial x}\frac{\mathrm{d}x}{\mathrm{d}t} = \frac{\partial v}{\partial t} + v\frac{\partial v}{\partial x} \tag{6-10}$$

将 $\rho = \rho_0 + \rho_v$ 及式（6-7）代入式（6-6），可得

$$(\rho_0 + \rho_v)\left(\frac{\partial v}{\partial t} + v\frac{\partial v}{\partial x}\right) = \rho_0\frac{\partial v}{\partial t} + \rho_v\frac{\partial v}{\partial t} + \rho_0 v\frac{\partial v}{\partial x} + \rho_v v\frac{\partial v}{\partial x} = -\frac{\partial p}{\partial x} \tag{6-11}$$

由于 ρ_v 与 v 均为微变量，因此可略去式（6-8）中二阶以上的微量，则可得到**声波传导的运动方程**

$$\rho_0\frac{\partial v}{\partial t} = -\frac{\partial p}{\partial x} \tag{6-12}$$

由质量守恒定律可知，单位时间内流入体积微元的介质质量与单位时间内流出体积微元的介体质量之差等于体积微元介质质量的改变量。在 x 界面处流入体积微元的介质质量为 $(\rho v)_x S$，在 $x + \mathrm{d}x$ 界面处流出体积微元的介质质量为 $-(\rho v)_{x+\mathrm{d}x}S$，对流出体积微元的介质质量进行泰勒级数展开，可得

$$-(\rho v)_{x+\mathrm{d}x}S = -\left[(\rho v)_x + \frac{\partial(\rho v)_x}{\partial x}\mathrm{d}x + \frac{1}{2!}\frac{\partial^2(\rho v)_x}{\partial x^2}\mathrm{d}^2 x + \cdots + \frac{1}{n!}\frac{\partial^n(\rho v)_x}{\partial x^n}\mathrm{d}^n x + \cdots\right]S \tag{6-13}$$

取泰勒级数的前两项作为在 $x + \mathrm{d}x$ 界面处流出体积微元的介质质量近似值，有

$$-(\rho v)_{x+\mathrm{d}x}S = -\left[(\rho v)_x + \frac{\partial(\rho v)_x}{\partial x}\mathrm{d}x\right]S \tag{6-14}$$

则流入体积微元的介质质量可以表示为

$$(\rho v)_x S - (\rho v)_{x+dx} S = (\rho v)_x S - \left[(\rho v)_x + \frac{\partial (\rho v)_x}{\partial x}dx\right]S$$

$$= -\frac{\partial (\rho v)_x}{\partial x} S dx \tag{6-15}$$

体积微元内介质质量的变化必然导致微元内介质密度的变化,其变化率可以表示为 $\frac{\partial \rho}{\partial t}$,则体积微元内介质质量的变化量也可以表示为 $\frac{\partial \rho}{\partial t} S dx$,则

$$-\frac{\partial (\rho v)_x}{\partial x} S dx = \frac{\partial \rho}{\partial t} S dx \tag{6-16}$$

即

$$-\frac{\partial (\rho v)}{\partial x} = \frac{\partial \rho}{\partial t} \tag{6-17}$$

将 $\rho = \rho_0 + \rho_v$ 代入式(6-15),可得

$$-\frac{\partial [(\rho_0 + \rho_v)v]}{\partial x} = -\frac{\partial (\rho_0 v + \rho_v v)}{\partial x} = \frac{\partial \rho}{\partial t} \tag{6-18}$$

由于 ρ_v 与 v 均为微变量,因此可略去式(6-16)中二阶以上的微量,则可得到**声波传导的连续性方程**为

$$-\rho_0 \frac{\partial v}{\partial x} = \frac{\partial \rho}{\partial t} \tag{6-19}$$

根据假设(3),声传播的过程为绝热过程,则体积微元内的压强仅是密度 ρ 的函数,不同状态下体积微元内的压强和密度之间应满足**物态方程为**

$$\left|\frac{dp}{d\rho}\right|_0 = \left|\frac{dp}{d\rho}\right|_1 = c^2 \tag{6-20}$$

式中:c 为声在介质中的传播速度。

由式(6-18)可得

$$dp = c^2 d\rho \tag{6-21}$$

由式(6-9)、式(6-17)及式(6-19)可得**一维空间的波动方程**为

$$\frac{\partial^2 p}{\partial x^2} = \frac{1}{c^2}\left(\frac{\partial^2 p}{\partial t^2}\right) \tag{6-22}$$

同样,可以得到**三维空间的波动方程**为

$$\frac{\partial^2 p}{\partial x^2} + \frac{\partial^2 p}{\partial y^2} + \frac{\partial^2 p}{\partial z^2} = \frac{1}{c^2}\left(\frac{\partial^2 p}{\partial t^2}\right) \tag{6-23}$$

6.3 声波的传播特性

在汽车振动噪声领域，通常用波阵面来描述声波在空间内的传播。所谓**波阵面**是指声波传播过程中，运动状态在某瞬时完全相同的介质质点形成的面。根据传播过程中波阵面的形式不同，可将声波分为平面声波、球面声波和柱面声波等类型，如图 6.5 所示。

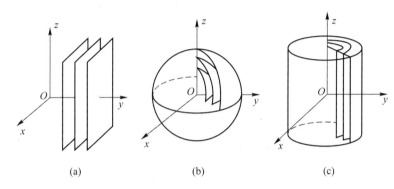

图 6.5　几种常见的波阵面

（a）平面声波；（b）球面声波；（c）柱面声波

1）平面声波

当声波的波阵面垂直于声波的传播方向时，称该声波为**平面声波**。在工程实践中，常可以把远离声源的声波看作为平面声波。平面声波在介质中传播时，其声压与质点速度同相位。**在理想的介质中，声压和介质质点的速度值不随距离而变化，即其声阻抗为常数。**

2）球面声波

当声波的波阵面为同心球面时，称该声波为**球面声波**。任何形式的声源，当其声源尺寸远小于波长尺寸时，其声源均可以看作是点声源，点声源向外发射的声波都可以看作是球面声波。**对于球面声波，在任一位置处的声强值与其距声源的距离的平方成反比，其声压值与其距声源的距离成反比。**辐射球面声波时，介质的声阻抗值为复数，具有纯阻和纯抗两部分，其值取决于半径及声波的波长。当球面声波半径很大时，其纯抗值较小，可以忽略不计。

3）柱面声波

当声波的波阵面为同轴圆柱面时，称该声波为**柱面声波**。当一无限长的均匀线声源在无限均匀的介质里振动时，其产生的声波即为柱面声波。在柱面声波中，其声压沿轴向的分布是均匀的，沿径向的声压值与其距线声源的距离的平方根成反比，沿径向的声强值与其距线声源的距离成反比。在高速公路上行驶的一辆辆汽车往往排成一条线,其所辐射的噪声即可认为是柱面声波。

6.4 声阻抗、声压级、声强级及声功率级

6.4.1 声阻抗

描述声辐射和声场特性的一个重要概念是声阻抗。对于一个声源来说,如果其表面的振动速度为 v, 表面积为 S, 则其体积速度 V 可以表示为

$$V = vS \tag{6-24}$$

声源表面声压与声源体积速度之比称为**声阻抗** Z, 即

$$Z = \frac{p}{V} \tag{6-25}$$

通常情况下,声阻抗 Z 为复数,其实部称为声阻 R, 其虚部称为声抗 X。声阻描述声波传播过程中能量的"损耗",即声波从一个地方传播到另一个地方时声能的耗散。声抗反映的是声源的部分能量激发周围介质的振荡,其作用相当于一个弹簧,将能量储存后再释放回声源,该过程不对外辐射声能。

对于开放空间,由于声能的体积速度概念变得不确定,采用声阻抗率来描述声场概念。声场中某点的声压值与该点速度的比值称为声阻抗率,可以表示为

$$z = \frac{p}{v} \tag{6-26}$$

6.4.2 声压级

声音的强度变化范围相当宽泛,其变化范围可能相差十数个数量级,且人耳对声音强度的感觉并不正比于强度的绝对值,而更接近于其对数值。因此,在工程实践中普遍采用对数标度。使用对数标度时必须先选定参考量,然后对被量度量与基准量的比值取对数,该对数值称为被量度量的"级",如声压级、声功率级、声强级等,其单位用 dB 来表示。

由前面的介绍可知,声压的变化是叠加在大气压之上的,但由于相较于标准大气压,声压幅值的变化量较小。例如,标准大气压 $p_0 = 1.013\ 25 \times 10^5$ Pa, 而人耳可以听到的声压的幅值变化范围为 $2 \times 10^{-5} \sim 20$ Pa。人们常处的声压环境和感受的声压值如图 6.6 所示,其声压波动值远小于大气静压强。

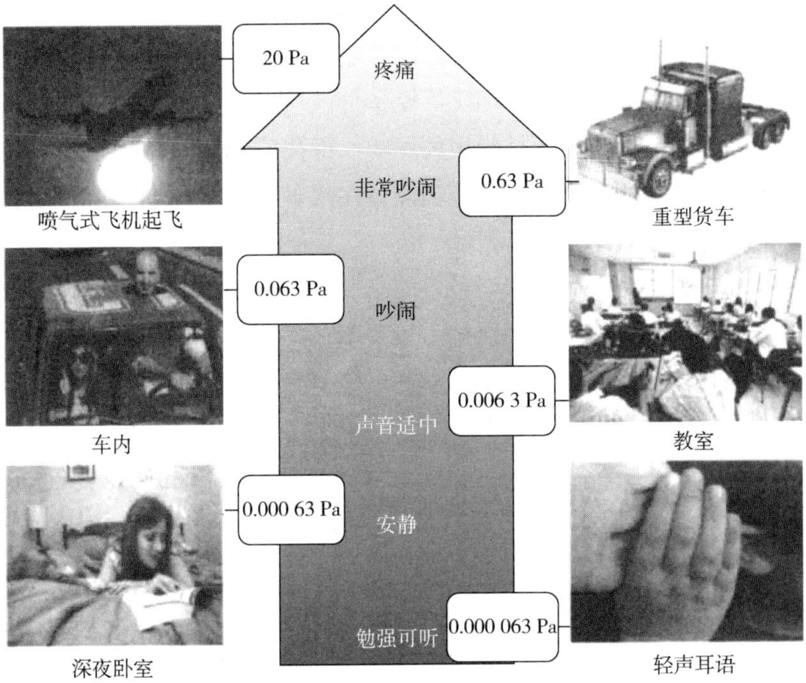

图6.6 常见各种声学环境中的声压值

声压级常用 L_p 表示，其定义为

$$L_p = 10\lg\frac{p_e^2}{p_{\text{ref}}^2} = 20\lg\frac{p_e}{p_{\text{ref}}} \tag{6-27}$$

式中：p_e 为被测量声压的有效值；p_{ref} 为参考声压，空气中 $p_{\text{ref}} = 2\times10^{-5}$ Pa。

进行声压级的测试时，首先需对被测量的噪声值有个大概的估量，并根据估量值及噪声特性选择合适的测量仪器、测量方式。在声压级的测量过程中还需要考虑背景噪声的影响，若噪声的测量值与背景噪声相差 10 dB 以上，可忽略背景噪声的影响；若噪声的测量值与背景噪声相差在 3~10 dB 之间，则应对噪声测量值进行适当的修正；若噪声的测量值与背景噪声相差低于 3 dB，则应采取措施提高信噪比后再测量。

6.4.3 声强级

声强是指单位时间内通过与声波传播方向垂直的单位面积上的能量值，通常用该处的声压与介质质点的振动速度的乘积来表示。声强 I 可以表示为

$$I = \frac{1}{T}\int_0^T p(t)v(t)_d \mathrm{d}t \tag{6-28}$$

式中：$p(t)$ 为 t 时刻的瞬态声压；$v(t)_d$ 为沿 d 方向上质点的瞬态速度；T 为声波周期的整数倍。

声强级可以表示为

$$L_I = 10 \lg \frac{I}{I_{ref}} \qquad (6-29)$$

式中：I_{ref} 为基准声强，在空气中 $I_{ref} = 10^{-12}$ W/m²。

用声强法测量声功率时不受环境噪声的影响，可在工程现场测量，且采用声强探头及其分析系统进行声强测量也较方便，故声强测量在汽车振动噪声的测量中应用较广泛。

6.4.4 声功率

声源在单位时间内向外辐射的声能称为**声功率**，其单位为 W。与声压级相对应，声功率也存在声功率级。声功率级是声功率与参考声功率的相对度量，其定义为

$$L_W = 10 \lg \frac{W}{W_{ref}} \qquad (6-30)$$

式中：W 为测量的声功率的平均值，W_{ref} 为基准声功率，在空气中 $W_{ref} = 10^{-12}$ W。

声强与声功率之间的关系可以表示为

$$I = \frac{W}{S} \qquad (6-31)$$

式中：S 为垂直于声传播方向的面积。

声强级与声功率级之间的关系可以表示为

$$L_I = L_W - 10 \lg S \qquad (6-32)$$

传统的声功率级通常在消音室或混响室内测量，对于测量要求不高的声功率级测试，也可以在现场进行近似测量。

6.5 噪声及其控制技术

6.5.1 噪声及其评价指标

在日常生活中，人耳可以听到的频率范围为 20～20 000 Hz，低于 20 Hz 的声波称为次声波，高于 20 000 Hz 的声波称为超声波。人们主观上把一切不希望听到的声音称为噪声。在现代社会，噪声污染和大气污染、水污染一起被称为"三大公害"。各国都制定了噪声允许标准，我国标准《声学　汽车车内噪声测量方法》（GB/T 18697—2002）规定了汽车车内噪声的测量方法，适用于 M 类和 N 类汽车（M 类汽车：载客车辆，包括轿车；N 类汽车：载货车辆，包括牵引车、起重吊车等）；《汽车加速行驶车外噪声限值及测量方法》（GB 1495—2002）规定了新生产汽车加速行驶车外噪声的限制及测量方法，要求汽车加速行驶时，其车外最大噪声值不超过表 6-1 规定的限制。

表 6-1 汽车加速行驶车外噪声限制

汽车分类	噪声限值/dB（A）	
	第一阶段 （2002.10.1～2004.12.30 期间生产的汽车）	第二阶段 （2005.1.1 以后生产的汽车）
M_1	77	74
M_2（GVM≤3.5 t），或 N_1（GVM≤3.5 t）： 　GVM≤2 t 　2 t<GVM≤3.5 t	 78 79	 76 77
M_2（3.5 t<GVM≤5 t），或 M_3（GVM>5 t）： 　P<150 kW 　P≥150 kW	 82 85	 80 83
N_2（3.5 t<GM≤12 t），或 N_3（GVM>12 t）： 　P<75 kW 　75 kW≤P≤150 kW 　P≥150 kW	 83 86 88	 81 83 84

说明：

a) M_1、M_2（GVM≤3.5 t）和 N_1 类汽车装用直喷式柴油机，其限值增加 1 dB（A）。

b) 对于越野汽车，其 GVM>2 t 时：

　　如果 P<150 kW，其限值增加 1 dB（A）；

　　如果 P≥150 kW，其限值增加 2 dB（A）。

c) M_1 类汽车，若其变速器前进挡多于 4 个，P>140 kW，P/GVM 之比大于 75 kW/t，并且用第三挡测试时其尾端出线的速度大于 61 km/h，则其限值增加 1 dB（A）。

注：GVM 为最大总质量，t；P 为发动机额定功率，kW。

关于噪声的评价量有很多，人们通常用"响"与"不响"来描述对声音的感受，这种感觉与声波的强度和频率密切相关。即使声波的声压级相同，但只要其频率不同，人耳听起来的感觉也不一样。为了描述声音的这种特性，通常采用 1 000 Hz 纯音作为标准，定义其声压为响度级，用符号 L_N 来表示，其单位为"方"（phon）。其他频率的声音响度级通过与 1 000 Hz 纯音相比较来确定。例如，某 70 Hz 声源的声音听起来与 60 dB 的 1 000 Hz 纯音一样，则该声源的响度级为 60 phon。对各个频率的声音做同样的试听得到同样响度级时频率与声压级的关系曲线，称为**等响曲线**，如图 6.7 所示。

响度级仍然是一种对数表度单位，并不能线性的描述响度级与人的听觉的对应程度。工程实践中常用"响度"来表述主观听觉与响度之间的线性关系，其单位为"宋"（sone）响度与响度级之间的关系可以表示为

$$L_N = 40 + 10 \log_2 N \tag{6-33}$$

对汽车噪声的客观度量一般采用声压级、声强级或声功率级来描述。由于人的主观感觉受到频率的影响，因此为了与人的主观感觉相对应，在噪声的测量过程中对噪声信号进行了模拟人耳作用的滤波过程，该过程称为**计权**。根据频响特性的不同，噪声信号的计权分为 A 计权、B 计权、C 计权和 D 计权等。其中，A 计权相当于 40 phon 等响曲线的倒置，B 计权相当于 70 phon 等响曲线的倒置，C 计权相当于 100 phon 等响曲线的倒置，D 计权常用于航空噪音的测量。

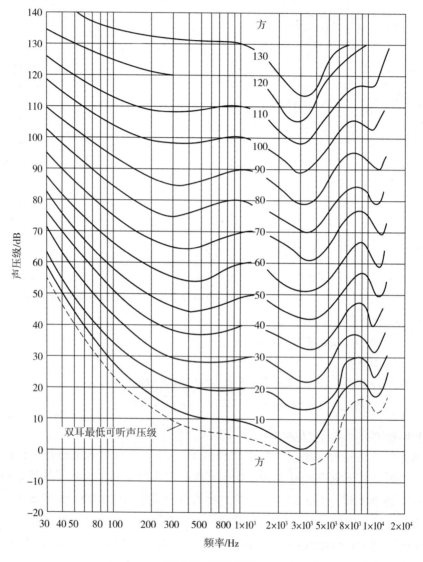

图 6.7 等响曲线

6.5.2 噪声控制技术

目前，噪声的控制方法主要包括噪声被动控制方法与噪声主动控制方法。所谓的噪声被动控制方法是指噪声控制过程中除噪声源外没有其他外加能量输入的控制方法；而所谓的噪声主动控制方法是指噪声控制过程中除噪声源以外，人为加入能量来控制噪声的方法。例如，传统的隔声、消音、吸声等措施均为噪声的被动控制方法。具体的噪声控制技术如下。

1）吸声降噪

吸声降噪技术通常分为共振吸声结构和多孔吸声材料。

从能量守恒的角度考虑，将噪声的能量转化成其他形式的能量可达到降噪的目的。共振吸声结构利用声波激发系统或结构振动，通过合理的设计使结构或系统的固有频率与声源的频率相一致，从而通过系统或结构的共振最大限度地吸收噪声能量，达到吸声降噪的目的。目前，工程实践中常用到的共振吸声结构主要包括薄膜共振吸声结构、穿孔板式吸声结构、微穿孔板吸声机构等。

吸声材料能够绝大部分吸收入射到其上的噪声能量。工程实践中常常用多孔材料作为吸声材料，如玻璃棉、毛毡等。多孔吸声材料的表面有很多细孔，孔与孔之间贯通相连，并深入到材料的内部。声波在其中传播时较易从表面透入，且在进入到孔隙材料内部时，会引起孔隙内空气和材料的细小纤维波动，在摩擦和阻尼的作用下，噪声的能量转化成了热能。

2）隔声结构

噪声控制的主要方法之一是隔声，所谓的隔声是指在噪声的传播路径上设置障碍以阻止声波的传播。声强投射系数和隔声量是衡量隔声效果的两个重要的指标。采用隔声法控制噪声的主要设备包括隔声罩、隔声屏及隔声室等。基本的隔声结构包括单层壁隔声结构和双层壁隔声结构两种。

最简单的单层隔声结构为单层均质壁，如钢板、铅板、混凝土墙等。研究表明，单层壁的隔声效果与壁的单位面积质量关系密切，单位面积的质量越大，隔声效果越好。当声波垂直入射到单层壁上时，忽略壁的弹性，则单层壁在声波的作用下产生振动，从而引起壁另一侧的空气振动。这样，声波的能量一部分被单层壁吸收，而另外一部分则以声波的形式继续向前传播。

相较单层壁而言，双层壁在总重量一定的情况下隔振效果更好。双层壁之所以能提高隔振效果，主要是由于当声波激发起第一层壁振动后，第一层壁先将隔离后的振动传递给空气层，然后再传递给第二层壁，经过第二层壁的隔声后才继续向另一侧传递。由于空气层的弹性变形具有缓冲减振效果，使得空气层传递给第二层壁的声波能量显著下降，因此提高了整个设备的隔声效果。通常情况下，双层壁之间空气层厚度增加，双层壁的隔振效果会随着增加，但当空气层的厚度超过 10 cm 后，隔声效果随厚度的增加就不明显了，所以一般双层壁的空气层厚度取 8~10 cm。

3）消声器

所谓的消声器是指允许气流通过，但阻止或降低噪声的特殊装置。消声器广泛应用于噪声的控制工程中，如汽车发动机、枪械等。消声器的种类很多，主要包括阻性消声器和抗性消声器等。

阻性消声器是在消声器的气流通道中安装吸声材料，当噪声在传播过程中通过消声器管道时，由于摩擦和黏滞作用，因此噪声中的一部分能量转化为热能消耗掉，从而达到降噪的目的。由于消声器中的吸声材料类似于电路中的电阻作用，故称其为阻性消声器。阻性消声器对中、高频噪声的消声效果好。

抗性消声器是利用截面突变造成噪声传播通道的阻抗失配，产生声波的反射，从而达到消除或减弱噪声的目的。抗性消声器一般为全金属结构，构造简单、耐腐蚀、耐高温、成本低且使用寿命长，主要用于中、低频噪声的控制。

习 题

一、判断题

1. 介质质点的机械振动由近及远的传播过程为声振动的传播或声波。（　　）
2. 声波的传播方式即是介质的移动，又是能量的传递。（　　）
3. 声波的产生需要两个必要的条件：声源和介质。（　　）
4. 声波可以在真空中传播。（　　）
5. 介质振动方向平行于声波传播方向的波称为横波。（　　）
6. 介质振动方向垂直于声波传播方向的波称为纵波。（　　）
7. 空气中的声波为纵波。（　　）
8. 声波在气体介质和液体介质中的传播为纵波。（　　）
9. 声波在固体介质中的传播既有横波也有纵波。（　　）
10. 声音传播经过的介质空间或声波所到达的空间或存在声压的空间称为声强。（　　）
11. 人们用电子仪表测量得到的声压通常是瞬态声压。（　　）
12. 介质质点振动速度是指声波在介质中的传播速度。（　　）
13. 声强通常用该处的声压与介质质点的振动速度的乘积来表示。（　　）
14. 声强为标量。（　　）
15. 根据声波传播过程的物理特性，建立声压与空间位置及时间的函数关系并用函数形式表达即为声场的波动方程。（　　）
16. 三维空间的波动方程为 $\frac{\partial^2 p}{\partial x^2} + \frac{\partial^2 p}{\partial y^2} + \frac{\partial^2 p}{\partial z^2} = \frac{1}{c^2}\left(\frac{\partial^2 p}{\partial t^2}\right)$。（　　）
17. 根据声波传播过程中波阵面的形式不同，可将声波分为平面声波、球面声波和柱面声波等。（　　）
18. 在理想的介质中，声压和介质质点的速度值随距离而变化。（　　）
19. 对于球面声波，在任一位置处的声强值与其距声源的距离的平方成反比，其声压值与其距声源的距离成反比。（　　）
20. 在声压级的测量过程中还需要考虑背景噪声的影响，若噪声的测量值与背景噪声相差 3 dB 以上，可忽略背景噪声的影响。（　　）
21. 在日常生活中，人耳可以听到的频率范围约为 20～20 000 Hz。（　　）
22. 某 70 Hz 声源的声音听起来与 60 dB 的 1 000 Hz 纯音一样，则该声源的响度级

为 70 phon。( )
23. A 计权相当于 70 phon 等响曲线的倒置。( )
24. B 计权相当于 40 phon 等响曲线的倒置。( )
25. C 计权相当于 100 phon 等响曲线的倒置。( )

二、填空题

1. 声波实际是声场在空间内介质的状态量随时间的扰动量变化和传递，如果这种变化是时间的谐波函数，则称之为_____。
2. 在一定时间间隔中将瞬时声压对时间求均方根值即为该时间间隔内的_____。
3. _____是指界面上平均有效声压对通过该界面的有效体积速度之比。
4. _____是指单位时间内通过与声波传播方向垂直的单位面积上的能量值。
5. _____为声源在单位时间内向外辐射的声能。
6. 理想流体介质中的声波传递过程必须满足三个基本方程，即_____、_____及_____。
7. 一维的波动方程可以表示为_____。
8. 所谓_____是指声传播过程中，运动状态在某瞬时完全相同的介质质点形成的面。
9. 当声波的波阵面垂直于声波的传播方向时，称该声波为_____。
10. 当声波的波阵面为同心球面时，称该声波为_____。
11. 当声波的波阵面为同轴圆柱面时，称该声波为_____。
12. 声源表面声压与声源体积速度之比称为_____。
13. 声强级与声功率级之间的关系可以表示为_____。
14. 低于 20 Hz 的声波称为_____，高于 20 000 Hz 的声波称为_____。
15. 对各个频率的声音做同样的试听得到同样响度级时频率与声压级的关系曲线，称为_____。
16. 由于人的主观感觉受到频率的影响，为了与人的主观感觉相对应，在噪声的测量过程中对噪声信号进行了模拟人耳作用的滤波过程，该过程称为_____。

三、简答题

1. 试列举常用的 3 种噪声控制方法。
2. 吸声降噪技术通常分为哪几类？
3. 理想介质中声场波动方程的推导是基于哪几个假设的基础上的？
4. 何为"级"，其单位是什么？

参 考 文 献

[1] 李晓雷,俞德孚,孙逢春. 机械振动基础 [M]. 北京:北京理工大学出版社,1996.
[2] 靳晓雄,张立军,江浩. 汽车振动分析 [M]. 上海:同济大学出版社,2002.
[3] 潘公宇,任萍丽. 汽车振动学基础及其应用 [M]. 北京:北京大学出版社,2013.